地球社会ライブラリ 1

マシュー・オーガスティン〔編〕

明治維新を問い直す

日本とアジアの近現代

九州大学出版会

目次

第Ⅱ部　連鎖する革命

第Ⅲ部　押し寄せる近代

はじめに

マシュー・オーガスティン

明治維新が意味するもの

明治維新と呼ばれるものは、一体何であったのだろうか？　その歴史的事象をめぐる原因や過程、および影響などの詳細について、これまで明らかにされてきた以上、狭義・広義の定義が共に可能である。しかし、より重要なことは、明治維新が何を意味するのかという問題である。これに対しては、当初から現在に至るまで、時代を超えて繰り返し問われては、その回答をめぐり議論がなされてきた。例えば、幕末・維新の時代には、王政復古をうけて明治天皇が公布した五箇条の御誓文、つまりそれに誓約された一連の改革を意味した。また、大正時代に入ると、明治維新は理想主義的な革新の原点であり、その理想を実現すべきであるという認識の下、護憲運動が展開された。そして、第二次世界大戦後まもなく発布された昭和天皇の「人間宣言」では、再び五箇条の御誓文を新たにするとし、連合国の占領下においてはそれが民主化の誓言として理解され、その名のもとに数多くの戦後改革が実施された。このように、新たな時代の到来とともに、明治維新は新たなる意味が付与されてきた。

それでは、令和という新しい時代を迎えた現代において、明治維新を考え直すことには、どのような意味があるのだろうか？　平成の終焉が決まった二〇一八年は、ちょうど明治維新一五〇周年の節目の年であった。この年の前後から、再び明治維新を問い直そうという動きが活発化している。

実際、二〇一八年以前から、明治維新一五〇周年に向けて、様々な記念行事が行われた。例えば、二〇一六年には、日本政府が明治一五〇周年に関連した施策の各府省庁による連絡会議を発足させた。その施策の具体的な成果として、日本各地では維新をテーマとしたイベントを開催したり、明治期の技術や文化遺産をアピールする企画を実施したりした。その他、日本内外の学術界においても維新一五〇周年を迎え、国際的・学際的な討論を推進するための多年度プロジェクトが発足し、二〇一五年にはドイツのハイデルベルク大学、二〇一七年にはアメリカのエール大学、二〇一八年には京都の日本文化研究センターなどで国際シンポジウムが開催された(1)。同時に、中国の南開大学やシンガポール国立大学など、アジア各地においても明治維新に関わる学術会議が開催されたことは、これまでになかった展開であり、注目に値する。

この一連の取り組みが、遠ざかる明治維新の歴史的意義について改めて考え直す機会を提供した一方で、一般的な盛り上がりに欠けたことも事実である。これはやはり、多くの人々にとって明治は遠く離れた過去であり、二一世紀の今となっては、身近な歴史と感じられなくなっていることの現れと言えるのかもしれない。しかし、果たして明治維新は単に「過ぎ去った歴史」の一幕にすぎないのであろうか？

この問いを念頭に九州大学大学院地球社会統合科学府は、二〇一八年一一月一七日と一八日の二日間、博多を会場に「九州から見た明治維新とアジアの近代化」と題した明治維新一五〇周年記念国際シンポジウムを主催した。そこでの主たる問題関心は、明治維新を中央（東京）の視点からではなく、九州地域の視点から捉え直し、帝国周縁およびアジアの近代化と関連づけたことにある。つまり、明治期から現代までの歴史をアジア近代史に位置づけ、再考しようとする試みであった。このような特徴を踏まえたシンポジウムでは、アメリカをはじめ、中国および台湾の日本・東アジア研究を代表する研究者が、日本を代表する国際水準の研究者とともに講演・報告発表を行い、議論が交わされた。

シンポジウムの成果のひとつとして、明治維新は異なる空間において、異なる意味づけがなされてきた、ということが改めて確認された。そもそも、戊辰戦争で対決した忠勤藩と朝敵藩では、地域別にそれぞれの明治維新観が存在しただけではなく、西南戦争に至るまで内乱が続いたため、国民国家を中心とした全国共通の維新観が定着するまでは相当の歳月を要した。また、蝦夷地や琉球王国が日本国の領土として完全に統一されるまでは、さらに長期の時間を要したが、それ以降はこれら周縁地域の視点から見て、明治維新が何を意味したのかは不問に付された。一方、隣国の朝鮮や清国では、当初はなぜ東洋の一国である日本が条約締結に基づく国交関係の樹立を迫るのか困惑したが、維新による変革の模様が伝わるにつれて、それは日本の西洋化を意味することとして理解された。そして、幕末の安政五カ国条約により日本の開国を歓迎した欧米諸国は、幕府の滅亡が条約で得た利権を失効させるのではないかとの懸念を抱いたが、明治新政府による積極的な文明開化を受けて、それを高く評価するようになる。その後、時が経ち、明治維新の解釈が歴史学者による専門分野に発展すると、世界各地における研究成果が積み重ねられ、近年ではグローバル・ヒストリーの一環として一九世紀における近代日本の建国史が描かれるに至っている(2)。

本書の目的と構成

本書はこのシンポジウムの主旨と同じく、明治維新を日本とアジア、および世界との連関のなかに位置づけるとともに、現在に至るまでの一五〇年と関連づけることにより、改めてその意味を再考することが目的である。そのため、第Ⅰ部ではまず、物語としての歴史に着目し、これまで語り継がれてきた明治維新という神話について、日本内外の広く長い時空的視点から問い直している。言うまでもなく、神話というものは、ある一定の文明や民族など共同体の起源を自己認識するために創造され、それが不可侵なものとして後世に伝えられる物語である。激動の一九世紀を乗り越えた後、誰が何のために明治維新という起源神話を創り上げたのか、という問題については先行研究を参考にすれば分かる。そこで、第Ⅰ部の論考では、この神話に描き出された歴史像の変遷をたどり、二一世紀における現代的な語りをどう理解すればよいのかが探求されている。

それでは、幕末・維新期の歴史をめぐる物語、およびそこに描出された歴史像は、これまでなぜ、どのような過程を経て変遷してきたのだろうか？　この問題を解明するためのカギとなるのは、転換期の同時代的コンテキストを正確に把握することである。つまり、固定された維新像が揺らいだ要因は、必ずその時代における国内・国際情勢の変化に規定されている。例えば、一九三〇年代には、日本の多くの知識人が神格化された維新像を否定し、逆に明治期に生み出された近代日本の諸問題を批判したが、その背景には日本資本主義論争、日本共産党の革命戦略、満洲事変による日本の国際社会からの孤立などが大きく影響した。国外から見た維新像の変遷についても、同様の所見が指摘できる。例えば、中国における明治維新像は、清朝末期から民国初期にかけて、近代国家建設のモデルとして捉えられる傾向にあったが、五四運動による中華ナショナリズムの高揚とともに、日本政府が主導した大陸侵略の起点として捉え直されるようになった。こうした批判的な維新像は、戦後の世代にも受け継がれたが、両国におけるそれぞれの高度経済成長が劇的な社会変化をもたらした結果、再び捉え直されることになった。

こうした変遷を経て、明治維新は現在どのように語られているのか、またそれは何を指すのか？　これらの問いに対して本書の論考では、異なる視点から共通した回答が出されている。それは、つまり、明治一〇〇周年とは対照的に、明治一五〇周年には知識人の活発な討論の不在、世間の無関心などに見られるように、維新はこれまでの「リアリティを失った」、「単純な物語」として語られていることである。こうした現状の受け止め方には意見が微妙に分かれるが、単純化された維新像を是正する必要性を説くという点で一致する。つまり、歴史の多様性、同時代性、連続性を重視しながら、これまでの絶対的なメタ・ナラティブから抜け落ちていた人々や彼らの視点を見出すことにより、新たなる明治維新物語を描き出すべき時が来ているという認識である。

もちろん、新しい歴史像を描出するということは、これまでの語りにおける要点を否定するわけではない。そのなかでも、とりわけ革命としての明治維新、およびそこから急激に発展した近代化、という二つの重要な論点は過少視すべきではなく、むしろそれらを直視しながらも、異なる視点から捉え直すことが求められる。そのため、本書の第II部では、「連鎖する革命」というサブテーマの下、明治維新と辛亥革命およびロシア革命との関係性について検討し、中国のみならずチベット、モンゴル、満洲、そしてロシア極東地域を日本の近代史と繋げる議論を展開している。

まず、戊戌変法（一八九八年）および光緒新政（一九〇一年～）の時期前後を通して、清末の中国人思想家の明治維新観を通観すると、いかに改革と革命の狭間で揺れ動いていたのかを示しているという見解が示されている。それは、清朝政府の度重なる政治改革が失敗に終わった時、孫文のように維新を革命として捉える思考をもたらしたことにも繋がる。そして、その中国において辛亥革命（一九一一年）が起きる傍で、仏教という接点を通じて日本とチベットが関係構築を試みたという、これまで忘却された歴史事象の詳細が解明されている。このことは、革命の余波として独立国家が誕生する可能性を示唆するなど、まさに当時のアジアにおける地政学的情勢の激変を指す好例である。ロシアにおいても、日露戦争中に起きた「第一革命」、その一〇年後に起きた「二月革命」、そして「十月革命」と連鎖が生じたが、日本軍によるシベリア出兵中に大正期の知識人がロシア革命と明治維新を結びつけて議論していたことも、これらの関係性を示している。その議論の内容も興味深いものであるが、それ以上に諸外国による植民地支配の阻止、ナショナリズムの形成、そして近代化を促進することなどが、革命の普遍的な目的として理解されていたことは大変有意義である。

革命が起きた、あるいは起こらなかったかを問わず、アジア諸国における帝国列強の脅威は容赦なく蔓延したが、同時に普及した近代化の展開は、各国で一元的に経験されたのではないことを確認する必要がある。そこで、本書の第III部「押し寄せる近代」では、日本の一地域、九州とその周辺地域からナショナル・ヒストリーを捉え直している。例えば、幕末日本の国際環境について、海に囲まれた九州、および関門海峡から瀬戸内海を通じて太平洋に開かれる海路に注目すると、何が見えてくるのかという興味深い問題が挙げられている。海の世界観からこの問いに対する回答を探求すると、日本が結果的に植民地化されなかったのは偶然であったのかどうか、またその危機感は果たしてどこまで妥当であったのかなど、日本が近代化した動機とその背景を再考するためのヒントが見えてくる。

また、「琉球併合」を経て、九州地方に組み込まれた沖縄の近代に関する論考を通してはじめて、日本の帝国統治の特徴を理解することに繋がるという見解は注目に値する。とりわけ帝国化の起点と、その結果生み出された同化主義の問題を問い直す試みは、沖縄と植民地台湾や朝鮮の連関のみならず類似性を認識する上でも重要である。そして、その植民地の実態を理解するためには、日本政府による公式記録のみを頼りにするよりは、例えばそれを自ら経験した文学作品に描かれた様々な表象について検証することが一つの有効な方法であると言える。そのため、二人の日本人女性作家による自伝的小説に描出された台湾表象を取り上げる論考は、その植民地統治に対する批判的視点を通して、台湾の近代のみならず日本の近代を映す鏡となっている。

本書ではこのように、従来とは異なる視点による議論を収録し、多角的・包括的に日本とアジアという地政学的領域を捉え直しながら、明治維新の歴史的な位置づけを探るという挑戦的な論点を有している。明治維新を問い直すという作業は、今後も展開されるべきであり、新たなる発見と議論の深化を期待したい。

注

（1）当プロジェクト“The 2018 Meiji Restoration Sesquicentennial”の詳細については、公式ウェブサイトを参照（https://build.zsr.wfu.edu/meijirestoration/#pastevents）。

（2）例えば、西郷隆盛を「最後の侍」として描いたマーク・ラビナは、著書 *To Stand with the Nations of the World: Japan's Meiji Restoration in World History*（New York: Oxford University Press, 2017）において、明治維新および明治期以降の近代を一九世紀半ばから二〇世紀半ばまでの世界史に位置づけている。また、南塚信吾『「連動」する世界史――一九世紀の中の日本』（岩波書店、二〇一八年）も参照。

第Ⅰ部

明治維新という神話

第1章　単純な物語の危険性
――明治維新一五〇周年に際して

キャロル・グラック

はじめに

二〇一八年の明治維新一五〇周年記念は、一九六八年の一〇〇周年記念とは異なるものとなった。一九六八年には、政府が国家の発展としての愛国主義的な式典を先導した。一〇〇周年記念の熱心な後援者であった佐藤栄作首相は、「西欧の先進国が産業革命から三〇〇年もかけて成し遂げたことを、日本はたったの一〇〇年で達成した」と述べ、瞠目すべき近代化の起点としての改革であることを主張した（佐藤一九六八）。こうした日本の近代の過去をめぐる「バラ色」の見方に対し、学界の進歩的な研究者は抗議を表明し、フランス革命と明治維新を否定的に比較しながら、むしろより暗い見方に注意を喚起した。大衆文化においては、多くの視聴者が司馬遼太郎の小説を原作にして制作されたＮＨＫ大河ドラマ「竜馬がゆく」を見ていた。それは、政府の勝利感に満ちたナショナル・レトリックと歴史家の対抗的な批評に分極化された討論よりも、長年人気を誇ってきたこの志士ヒーローの方に一般市民が注目していたことを示していた。

五〇年後の二〇一八年は、対照的なものとなった。明治維新一五〇周年は、全国レベルでの関心は低く、メディアはしばしば一般の人々の間で記念行事への「盛り上がりがない」ことを指摘した。福岡や鹿児島、そしてもちろん会津若松などの地方の祝典では、一九六八年とほぼ同様に地域の人物、また観光誘致に集中した。しかし自民党政権のレトリックは、五〇年前と比べると生ぬるい印象を与えた。安倍晋三首相は数度にわたり、日本が一五〇年前に植民地化の脅威にさらされていたように、国は今や「国難」のなかにあり、かつての明治期の指導者たちのごとく、「勇敢さと大胆な決定」をもって立ち向かわなければならない、と述べた。さらに彼は、出生率の低下や超高齢社会――それらがペリー来航によって発生した危機と比較できるかどうかは別として――の点から国難を特徴づけ、現在直面している課題に立ち向かうために、日本人全員が協同することを求めた（安倍二〇一八・一、二〇一八・一〇など）。政府の高官は、「明治の精神」を取り戻すことを主張したが、彼らの懐古的なコメントは、その精神がいつの間にかどこかへ消え失せてしまったように見えることを示唆していた。一九六八年、戦後の繁栄の頂点に立って、当時の首相は日本の近代化と国際発展を歓迎した。二〇一八年には、彼の後継者（および彼の又甥）は、不景気の年を振り返りながら、国家の危機に言及し、「新たな国創」を呼びかけた。もしナショナルな語りがほぼそのまま継承されたとすれば、その口調はやや控えめのものになっていた。

一九六八年においては様々な場で積極的に発言を繰り広げた進歩的歴史家の社会的影響力は、明治一〇〇周年から数十年の間にかなり後退した。一五〇周年記念をめぐる活発な討論が欠けていることを嘆いていた彼らの代わりに、むしろ政治的には現体制に近い歴史家が二〇一八年のメディアの注目を浴びた。彼らもまた維新とフランス革命とを比較したが、今度はフランスではなく日本を肯定的に評価するという、明治維新について楽観的な捉え方を示した。それは政府が奨励した見解ではないにしろ、それに対抗する——とりわけ一九六八年の進歩的な歴史家と比較して——ものでもなかった。大衆文化では、人気のある歴史的人物は坂本龍馬、西郷隆盛、新選組等と変わりはなかったが、西郷隆盛に焦点を当てた二〇一八年の大河ドラマ「西郷どん」のような番組の視聴率は過去のものほどではなかった。また、実際のところ、以前と比べて明治に対する世間の関心は薄くなっていたといえよう。

こうした一九六八年と二〇一八年の対照性は、私たちのよく知っていることを証明したに過ぎない。つまり、過去は現在とともに変化するということである。各時代によって維新はその時に適した形で解釈され、いわばそれに「ふさわしい」明治維新像が見出されるといえよう。それでは、現在この維新が意味するものは何なのであろうか。多くの人々は今もなお、近代日本の「建国」をめぐる出来事、または日本の近代をめぐる「起源の物語」として見なしている。しかし、それは一体いかなる出来事——あるいは一つの出来事——であったのだろうか。それはいかにして起こり、そしてどのような結果をもたらしたのであろうか。つまり、どのような物語なのであろうか。

一　公共の場における歴史家

三谷博と苅部直は、一五〇周年記念中の公的言説において、明治維新に関する重要な研究を執筆した著名な歴史家であるが、彼らの著書よりも彼らがメディア向けに繰り返し語った物語の方が歴史的出来事の現代的な意味づけに大きく影響した（三谷二〇一二、二〇一七、苅部二〇一七など）。そのような公の場では、学術的な複雑さやニュアンスが失われてしまうことは疑いの余地もないが、それは維新を「手なずけられたものにする（taming）」ような印象を与えた。断絶よりもむしろ連続性が強調され、例えば苅部は、江戸時代の思考や社会の変化が明治期の近代への道のりを切り開いたのであったと評価し、一八六七年から六八年にいたる出来事の重要性は過小視している。こうした見方は、同じく明治の西洋化へ向けた江戸の「道程」を強調した、一九六〇年代に近代化論を唱えたアメリカの歴史家のものとも共鳴している。彼らは暴力性よりも維新の穏やかな側面を強調し、三谷は、何十万もの死者が出たフランス革命とたびたび比較し、幕末維新期にはわずか三万名の死者しか出なかったとしている――あるいは二桁少ないと彼は時々付け加えている（三谷・苅部二〇一八、四八頁、『朝日新聞』二〇一七年一一月二〇日「明治維新一五〇年　三谷博さん、色川大吉さん」、三谷二〇一二、一三三頁など）。その見解によると、公議の発生は改革に先行しており、指導者たちは暴力よりも公議を好み、また王政復古の動きは長い期間をかけて起きたため、それに対する暴力的反抗を大分抑止することできた、という。それは、反発と抵抗が長引いた先鋭的なフランス革命とは全くの正反対であったとされ、フランスでは平常化までに一〇〇年かかったが、明治日本ではたったの二〇年しかかからなかったと指摘される。三谷は、「伝統」を破壊することなく、大きな変化を導いたスムーズな変遷の像を提示した（『朝日新聞』二〇一七年一一月二〇日「明治維新一五〇年　三谷博さん、色川大吉さん」）。領土を破壊する内戦なしに、明治国家がどのように出現しえたのかという彼の説明は、近代化論者や尾藤正英のような保守的な歴史家によってかつて取り入れられた、「無血革命」という主張と類似している。

天皇の人物像は、かつてのマルクス主義者やその他の戦前の天皇制に対する進歩的な批判のなかでは非常に重要であったが、三谷や苅部のメディアでのインタビューやコラムでは目立たないものになっている。新政府が古代の衣装を纏ったのは、新たな皇国の礎としてよりも、明治の改革を可能にする組織的な方策であったというイメージが出された。過去数十年をめぐる進歩的な物語とのさらなる違いは、維新をもたらしたエリート層の指導力を強調する点である。苅部は、常に人気のある志士の役割を否定し、その一人である坂本龍馬は、大きな政治的胎動のなかでは単なる将棋の駒の一つに過ぎなかったと語った。つまり、維新は小作農の反乱や民間信仰、ええじゃないか、あるいは村の盟主などによって下から押し上げられたものではなく、高位についていた立役者により上からなされたものだったという。王政復古の物語は主に政治的なものとして理解され、社会不安、高い負債、人々の間で変化を求める声――つまり、社会史――は、あまり語られていない（三谷・苅部二〇一八、三四～四三頁）。

苅部と三谷の両者は、一八六八年の維新を新時代の出来事として手なずけたが、それでもなおその結果としてもたらされたものを革命と評している。三谷にとってはそれは、世襲の地位階級の解体と侍身分の廃止のために起こった「不可思議な大革命」であった。彼は身分制の終焉を維新の重要な成果、すなわち、「平等主義と自由な社会」を創造する社会階級における革命と見なしている。苅部はそれを王政復古ではなく初期の明治改革とともに生じた「維新革命」であるとしている。重視すべき年は一八六八年ではなく、廃藩置県が中央集権国家を構築した、一八七一年であることを彼は提唱する（『読売新聞』二〇一七年七月一七日、『産経新聞』二〇一八年三月二二日など）。苅部の見方は、一九六〇年代における坂田吉雄のような歴史家による「二つの維新」のアプローチとも共鳴する、アメリカの近代化論者を思い起こさせる。つまり、一八六八年に天皇支配を復活させる王政復古と、明治の近代化の基礎を確立させた維新とを区別している（坂田一九六〇、Sakata and Hall 1956: 31-50）。三谷にとっては、暴力的な大混乱がない一方で、他方では近代組織と関連していることが、明治の「革命」を特徴づけており、単にフランスのような革命と違うだけでなく、それよりも良い革命だったことを示唆している。

このように二〇一八年において手なずけられたものにされた維新は、特段多くの人々の参加もないままに、上層部に率いられた比較的スムーズかつ流血を伴わない変化として捉えられ、伝統に基づきながら日本に将来の民主的な近代のための制度や力強さを与えたとされた。メディアにおいて歴史家が語ったこのような物語は、政府が提示した物語とそんなに異なるものではない。ここに一九六八年の時とあからさまな違いがある。当時のマルクス主義歴史家は、明治維新を絶対君主制国家を生み出した、失敗した革命と見なしていた。民衆史の歴史家は、維新と明治の改革の両者における民衆のエネルギーの役割を強調した。多くの日本の学者は、明治の組織を帝国や侵略戦争ではなく民主主義と関連づけたアメリカの近代化論の歴史を批判した。三谷と苅部の見解のいくつかが、過去数十年の歴史研究と協調していることは確かである。例えば、一八六八年をまたぐ連続性は、今ではより長い一九世紀の伝統的な叙述として語られている。苅部の言葉を借りると、それは「長い革命」であり、幕末の動向と明治の発展を結びつけ、一年あるいは数年間において抜本的な断絶が起こったという考えに対抗するものである。しかし独特なのは、明治維新を現代日本の基礎と見なす、主に肯定的で明るいムードを帯びた直線的な政治史・思想史（しかし社会史ではない）物語である。

この肯定的な描写には馴染み深い二元論——連続と断絶、日本と西洋、伝統と近代、高と低、政府と人民、光と影――が現れているが、そのなかで大々的に強調されているのは最初の二項目である。これら相反する二つの原理とそれらにまつわる解釈の大多数は、すでに明治時代に出現している。早くから、多くの人々が新たな歴史が始まったと意識し、維新を意味深い断絶として描写した一方で、世襲の封建制度から近代的な国民国家への比較的スムーズな変化を誇りに思う人々もいた。二〇一七年の著書のなかで苅部は、江戸時代における民衆の活力（しかし、それは彼の記述に現れる儒学者ではない）が維新に貢献したと賞賛するいわゆる文明史の見解を探究した（苅部二〇一七、五九頁以下）。当時、多くの明治の人物は、その出来事を「革命」として捉えていた。福沢諭吉は、それを「革命復古」と表現し、徳富蘇峰（およびその他）は、苅部と同じ「維新革命」という語句を利用した。政治家であった板垣退助は、二つの維新革命――明治初期の国家統一と個人の自由を強調する人権運動――をのちに述懐する。板垣によると、全ての近代国家は維新革命を体験した。唯一の違いは、フランスやイギリス、ドイツやイタリアでは統一と自由が一つの維新革命として起こったのだが、日本では後者が前者より遅れた、と彼は論じている（板垣一九一九、一四八頁）。文明史の著者、民権運動における政治的反対勢力、平民主義の主唱者、およびその他政府に批判的な明治の人々は、しばしば維新革命が不完全なものであると捉え、その数年後のうちに「第二の維新」を呼びかけるようになった（植木一八七七、丸山一八八一、人見一八九三、徳富ほか一八九三、宮澤二〇〇五、田中一九九一、四八二～五〇九頁参照。Hill 2007: 337-356）。つまり、明治維新に関する歴史的な言説の構図は早くから現れ、長きにわたって維持されてきたのである。

二　単純な物語の危険性

二〇世紀の歩みのなかで、復古維新には二つの主たる見解が見られた。両方とも明治維新を近代日本の起源の物語、「建国神話」として捉えたが、それをめぐる語りは、その近代がどう評価されていたのかという同時代の見解によって異なった。主たる国家の物語は、肯定的な視座を示し、一八六八年の五箇条の御誓文のような要素に注目しつつ、明治の明るい側面を強調した。一九四六年に「神格否定」を示した天皇の人間宣言は、五箇条の御誓文と「この宣誓を新たにする」と願うことから始まった。こうした明治時代の始まりと戦後の「新たな始まり」への直接的な関連性は、肯定的な物語を特徴づけた。その物語は、国内の経済発展、教育の普及、明治憲法および議会政治、二度の明治の戦争における勝利に伴う日本の国際的地位の上昇に焦点を当てた。つまり、それは成功しかつ急速な近代化の物語であり、そのなかで帝国と戦争の暗い時期は、日本の近代性というイメージによって完全に抹消されたというよりも、単に深く語られることがなかったのである。明治期に始まった国家の進歩という歴史的な弧は民主主義と経済的繁栄という結果に向けて、戦後期に再開された。一九六八年と二〇一八年に政府によって語られたのは、このような物語、つまり「国家の流布本（National vulgate）」（Antohi 2007: xii-xiv）、または明治維新の「通俗史学史（Vernacular historiography）」[1]（Beiner 2018: 13 ff.）だった。

これに対する、様々な批評の領域にわたって現れたリベラルから左派による物語は、失われた社会・政治的な機会が影を落とすより暗い像を提示した。その失われた機会には明治における自由民権運動、そしてのちの社会主義の抑制、さらに労働者と小作人の双方に対する産業化の社会的犠牲、独裁的な立憲君主制あるいは絶対主的な天皇制、帝国主義や侵略戦争などが含まれていた。つまり、帝国国家によって阻害、歪曲された真の近代性をめぐる語りである。戦後改革は帝国の遺産を一掃しようと試みたがそれを成し遂げられなかった結果、民主主義は不完全なまま、社会は官僚国家に従属してしまった。これは、進歩的歴史家が一九六八年に学会やメディア討論で提示し、学界や反対派に受け継がれてきたにもかかわらず、二〇一八年までに一般の人々の視野からは消えてしまったような物語である。

上からの保守的な革命、無血の「異様な」革命、あるいは不完全で失敗した革命であろうとなかろうと、明治維新は一般人の言説において――繰り返しになるが、それは、学問的な歴史叙述と同じものではない――単純な物語として現れた。つまり、維新を創立的な出来事とした始まりのなかに、終わり、つまり現在、が含まれる目的論的なあらすじを伴う物語である。作家のチママンダ・ンゴズィ・アディーチェは、自身の有名な講演「シングルストーリーの危険性」のなかで、アフリカ人に関してたった一つの物語を語ることは、その複雑さを除外し、ステレオタイプを助長し、そして理解を妨げてしまうとして警鐘を鳴らした。単一の物語の危険性は、彼女によると「それらの不正確な点ではなく、それらが不完全であること」だというのだ（Adichie 2009）。私が思うに、過去をめぐる単純な物語も同様である。もちろん、あらゆる近代国民国家は、自国のアイデンティティを補強し、集合的記憶を固定し、過去をめぐる支配的・異論的な解釈両方における語りの形式を設定する起源の物語を選択する。そして、あらゆる近代国民国家は、単純な物語の危険性に苦しめられており、それは感情的かつ愛国的な感覚を形成することはあっても、実際に起こった歴史の歩みを公正に表すことはめったにない。

明治維新のように、フランス革命やアメリカ革命もまた、単純なあらすじを有しており、それは時に賞賛され、時に批判され、常に単一のナショナルな結論――あたかもそうした結論が必然的どころか、初めから予期されたものであったかのように――へと導かれる。歴史家のアラン・テイラーによる、「アメリカの諸革命」（複数であることに注目）に関する近年の著作では、合衆国の起源の物語のなかでその革命を非暴力のものとして提示する傾向を描写しており、それはとりわけフランスやロシアの革命とは程遠い、「良き、秩序ある、控えめな、そして成功した」ものと見なされていることを指摘した（Taylor 2016: 3）。事実、アメリカの革命は、当初の目的とやがて起きた結果を比べても、秩序あるもの、控えめなもの、まして成功を収めたものとは程遠いものであった。この革命は、アメリカ初期の歴史と比べて、集合的記憶のなかで暴力性が少ないものとして捉えられただけでなく、テイラーが記したように、事実以前に「超国家主義的（hyper-nationalistic）」なものであった。つまり、革命の物語は出来事のなかに目的と遺産の両面をすでに――あたかもアメリカ市民がそうなる以前に、すでにアメリカ市民であったかのように――読み込んでいた。すでにナショナルなものとして描写された物語は、革命を実際に推進し、革命が起きた後にも消えることがなかった対立や分断、弾圧や混乱の規模を縮小した。建国の父と独立宣言に伴うこの革命の寓話は、維新の寓話と類似するものであり、そこでは志士と呼ばれた人物、「尊王攘夷」のような大義名分、また日本と西洋という二項対立が国民的な物語を維持した。維新は三谷の見解が指摘するほど非暴力的ではなかった反面、明治国家がそう要求する以前にあたかも日本国民が自らを日本国民であるとすでに考えていたかのように見えるほど、しばしば「超国家主義的」であった。

物語の単純化にあたっては、過去の複雑性は背後に押しやられる。そして、三谷と苅部のような歴史家が自身の学術研究のなかでは複雑さとニュアンスを提示した一方で、明治一五〇周年にあたっての発言では、単純な物語を保持しがちであった。三谷は、マルクス主義者は「あまりに大きすぎる歴史像を提示して、なおかつそれが全く誤りであった」とはねつけた（Yoshida 2018）。マルクス主義者による歴史叙述の価値について私は三谷に同意しないが、彼は、あまりに大きすぎるとまではいかないものの、過度に整った像を提示したという欠点があると思われる。それはつまり、沢山の出来事を見逃し、身分制の廃止に始まり、民主主義と平等主義的な社会に終わらせた像である。実際、三谷と苅部の研究が貢献し、過去一世紀半にわたって積み重ねられてきた明治維新に関する歴史的知識の広大な景色を熟慮しながら、引き継がれてきた単純な物語――肯定的・否定的両方を含めて――のなかに、過去の複雑性を招き入れることができるのではないだろうか。

三　長い維新

苅部と三谷を含む多くの歴史家が長らく主張してきたように、一八六八年の明治維新は、黒船以前に始まり、明治初期の改革以後まで続く、より長い一九世紀の物語の一部として考えるべきである。一八二〇年代から一八八〇年代後半を超えて、維新は、ポール・リクールが宗教改革やフランス革命のような「長いスパンの出来事」――その「歴史を物語る範囲、広大さ」を数十年、数百年にまでわたって拡張することができる――と呼んだものと類似していた。一八六八年に起きた単一の出来事は、それが組み込まれた長い期間から「叙述の一貫性」を得るのだ（Ricoeur 2004: 244）。明治維新を歴史的過程と見なす見方は、まずその過程がスムーズ、あるいは意図的ではなかったという印象をもたらす。騒動、暴動、混沌、混乱といった言葉は、一八六〇〜一八七〇年代に頻繁に現れ、江戸、京都や西南諸藩において起きた出来事の目撃者や参加者だけでなく、村、山、港町に住む人々も、激動の時代のなかに生きていると感じており、そのことを声に出していた。伝記小説『夜明け前』の主人公として登場する青山半蔵は、時勢に応じた村のエリートの観点を具現化し、木曽における「大混乱」や「無秩序」について「時代はおそろしい勢いで急転しかけて来た」として、頻繁に批評していた（島崎一九六九、二七六頁など）。一八九一年、文明歴史家の一人であった竹越与三郎は、維新とその後の諸改革を「乱世的革命」と称した。それは、計画や政策から発生したものではなく、渦巻く当時の社会の流れに対する反応のなかで生まれたからである。実にその時点では、幕府の混乱期に活動した大名、侍、公家に始まり、一八六九年にすでに断髪から死刑まであらゆる膨大な改革命令を出し始めていた明治新政府の指導者たちにいたるまで、政治過程に密接に関わった人々は皆、これから何が起こるか知らなかったように見えた。つまり一八六八年前後の各一〇年間は、時間であると同時に空間のようにも見え、それは様々なベクトル、可能なあらゆる方向、そしてまだ選択されずに開くものもあれば閉じるものもある扉がいくつも並ぶ、革命的空間であったといえる。竹越や田口卯吉のような明治の著者は、江戸の重要性を、準備、前兆、あるいは前触れとしてではなく、連続性として強く主張した点において、それを正しく捉えていた。もちろん、明治を創った男女は江戸の男女でもあり、いうまでもなく江戸の制度、慣習、言語、信条は明治に持ち込まれた。一夜にして物事が変わらないことは歴史の常識である。しかし、江戸時代は別の意味で同様に重要であった。社会が近代化するあり方に対する私の見方では、――日本だけでなく、他の地域や時代における社会についても同様である――江戸時代の重要性は私がいうところの「既存状況（pre-existing conditions）」にあり、それは要するに急速かつ一斉と思われがちな近代化の変化が起きる時に社会がどのようなあり方をしていたのかを意味する。既存状況それ自体は、決定要因あるいは因果的なものではない。むしろ、それは起こりうること、つまり「可能性の場」なのである。既存状況は、「伝統」でもなければ、日本と西洋との二項対立を示唆するものでもない。それは、理路整然として分かりやすく名付けることができる形を表さない、ある種の歴史のスナップ写真、時代の特定の瞬間の静止画である。日本にとって、既存状況とは明治と連続性を有する江戸の幕末期である。例えば、それは幕末維新期の変化に相当な原動力を与えた侍と庶民エリート（青山半蔵のよう な）たちの社会のネットワークや彼らの拡大した知的視野を含むものである。政治的既存状況とは、幕府中央における組織的な弱さとその周辺領域において動き始めた遠心力を組み合わせたものだった。事実、日本の「アンシャンレジーム」は、フランスにおけるそれよりも柔弱な標的であったため、幕府の終焉は「転覆」というより「没落」であった。経済的既存状況は、生糸や他の産業における企業家によるイニシアチブから、インフレや米価の高騰等々によって生じた、大名や侍のみならず一般民衆に拡大した負債にまでおよぶものだった。村の視点から見た「長い維新」の歴史は、いかに既存の社会状況がのちの明治の発展に影響を与えたか、そして明治の社会的変化がどれほどそれに依っていたのかを示すであろう。要するに、明治を理解するためには江戸を考えなければいけないが、それは決して単線的かつ因果的なものであってはならない。江戸時代は、「可能性の場」を提供するものであり、それ以上でもそれ以下でもないのだ。

一八六八年の王政復古へとつながった歴史の過程は、歴史の対象に関するヘーゲルの定義を想起させる。それは、「存在し認められた義務、法律や権利、および固定化されたシステムに逆らう偶然性との間に生じる重大な衝突」である（Hegel 2011: 27）。「衝突と偶然性」は、様々な勢力が異なる結果と未来、すなわち様々な維新を思い描いていた一八六八年以前の歳月を要約するものだ。「御一新」は当時、人民の反乱と新しい皇国政府双方に用いられた言葉であり、それは、変化に対して希望、恐怖、あるいは完全な拒絶など、人々によって異なるものを意味した。幕末維新期のええじゃないかをはじめとする民衆騒乱のなかから生じた変化のヴィジョンは、時に急進的な来世救済の別の可能性を提供した。江戸の町民に親しまれた錦絵のなかに新しい官軍のパロディが登場したことは、よく知っていた政府、つまり幕府に対する多大な共感が残っていたことを示していた（森田二〇一六）。それはかき乱され、流動している瞬間だった。

復古維新を導いた一連の出来事と最も密接に関連した人々の異なるヴィジョンについて、アメリカの革命とのもう一つの比較ができる。簡単に述べると、その歴史的過程における勢力は、当初はイギリスから独立を宣言することを計画していなかった。全く逆に、彼らはジョージ国王に彼の振る舞いを改めること、および、良き支配者として植民地を取り扱うことを望んだ。そのため、彼らは国王を説得してそのようにしてもらうための請願に――相当な詳細において独立宣言文が明らかにしているように――かなりの時間とエネルギーを費やした。彼らの努力は、大名や公家たちが将軍に対して一八五三年以降、欧米列強にさらされた脅威に適切に対応するよう諫めたことと類似している。アメリカでは、植民地の人々が革命家になるまで一三年間の危機を要しており、ある歴史家によれば、「出来事の圧迫下における解明と固定の期間」と描写されているが、換言すれば「衝突と偶然性」である。この一三年間に生じた出来事の圧迫下で、「自由の伝播」が競合する各勢力をある結末に導くまで、思想の「知的配電盤（intellectual switchboard）」に変化が生じていた（Bailyn 1992）。イギリスからの独立宣言という結末は、計画・予期されなかったにもかかわらず、一度そこにたどり着くと、唯一の結果として見られるようになった。加えて、このことは、アメリカの自由という単純な物語として、実に長らく語り継がれてきたものである。「出来事の圧迫」下の「思想の配電盤」における変化は、一八六〇年代の日本で起きた出来事と大きな差はない。一八六八年に王政復古という計画・予期していないことが起きた時、日本の近代化という単純な物語が語るように、それが起こりえた唯一の結果であるかのように見られてきたのだ。

ただし、将軍支配から天皇支配という、思想の配電盤における変化は、一八六八年以降に起こったこと――明治の新しい秩序の基礎を確立させた改革を意味する維新――の説明にはならない。単純な物語は、一八六八年から一八七一年の間における一連の出来事をはじめ、中央集権国家の成立をある程度簡単なことであったかのように語らせることができる。つまり、大政奉還、王政復古、五箇条の御誓文、東京への遷都、明治という新しい元号の発表、版籍奉還、廃藩置県という具合に、一九世紀に広められたモデルを基にした中央集権国家の成立という物語が成り立つ。しかし、政治過程の観点から見ると、こうした一連の出来事は予想外であっただけではなく、歴史的重要性を持つ制度上の跳躍でもあった。ほんの一例を挙げると、大名が、数代にわたって所有しなかかには豊富な価値を持った土地も含まれていたにもかかわらず、暴力や本格的な抵抗、あるいは断固とした拒否もなく領地を引き渡したことに対して、他の国々の歴史家は、驚く場合が多い。確かに、大名は天皇によって自身の土地が再登録されると信じさせられており、その信念が誤っていたことが後に判明したが、それでも彼らが自らその提案に協力したのはそのためであったことは間違いないであろう。一月に四つの西南大名が版籍奉還した後、二三六の諸大名が六月までにこの動きに従い、その時点で残された三八の大名も動きに従うよう命じられた。その結果、一八六九年が始まって二、三ヶ月以内に、藩の版籍は皆無となった(勝田二〇〇〇、五七〜六一頁)。単純な話のように聞こえる一方で、当初の建白の内容をめぐる薩摩と長州の間で意見の相違もあり、政治過程は複雑であった。その建白に二七四の封建領主が応じたのは、明治国家における新たな政治関係よりも、江戸時代を通じた大名と幕府との間の慣行に従ったためであった。大名はこれまでと同じように振る舞ったといえる。しかし、一八七一年の廃藩置県の時点になると、明治政府は他の名前を借りた新たな幕府に成りすまそうとしているのではないということが明白になった。

四　明治という近代の形成

もし復古維新へと導いた過程が、制度的に不確定かつ政治的に錯綜したものであったとすれば、単純な物語が語るような目的の調和や確実性を示すことがあまりなかった初期の明治国家についても、およそ同様のことが指摘できる。大隈重信が、一八六九年に新設された大蔵省への出仕を要請した渋沢栄一に対して語ったように、「何から手を着けて宜いか分らないのは君ばかりではない、皆分らないのである」(『渋沢栄一伝記資料　第二巻』二三九頁)。しかし、もちろん、大隈や渋沢のように西洋の発想を熟知したことで知られていた人物は、たとえそこからどのようにして進んでいくべきか確かではなかったとしても、どこから始まるかについては十分な考えを持っていた。

なぜ明治の新しい秩序が、一八七〇年代と一八八〇年代における長い維新の後半期にその形をなしたのかという問題は、私がいうところの「可用な近代(available modernities)」によって答えることができる。それは、つまり急速な近代化の変化が起こるその時に、利用可能な近代のいくつかのヴァージョンが存在することである。もし幕末日本における既存状況が可能性の場を規定していたとすれば、可用な近代はプログラマティックな変化のメニューを提示した。可用な近代は、いわゆる早い、あるいは遅れてきた近代化とは関係なく、むしろそれは、明治日本の事例とする一九世紀後半、あるいは新たに独立したアフリカ諸国にとっての一九六〇年代、またはソ連解体後に設立された新国家にとっての一九九〇年代の間に見られる差異である。近代期において、この種の変化は、空間と時間を問わず地球規模のコンテクストと国境を越えたつながりのなかで起きるものだった。明治日本にとって近代化の時期とは、近代がしばし「文明」という名で知られていた一九世紀の最後の三〇年間である。同時代の欧米を典型例としていたにもかかわらず、それは当時の日本人や他の国の人々にとって、世界史の普遍的な段階、すなわち進歩の具現化として理解された。日本と西洋との対照が誤解されやすいにもかかわらず、実際に一九世紀の近代によってもたらされた様々な試練は決して日本、イタリアやドイツのように、一八七〇年代初期の同じ頃に統一され、中央集権化された「新興国家」に限られたわけではなかったのである。フランスのような「旧国家」やオスマンのような古い帝国でさえもほぼ同時期に、共通の変化——国家、人民、文化、慣習、法律、経済、そしてアイデンティティのナショナル化を要請する変化——を経験していた。明治日本が国民国家から成る世界のなかで近代国家になろうと努力していた同時期、一八七〇〜一九一四年のフランスでは、「農民からフランス人」へ変容するような類似した変化を経験していた。国語、国文学、国史、国家のアイデンティティ、そして国家の教育などこれらの国民国家という可用な近代は明治の日本人が「時勢」と呼んだものであった。要するに、明治の近代化をめぐる変化は、一九世紀後半の時点で特有なグローバルかつ共通したコンテクストのなかで起こり、形作られたものであった。明治の近代を形作ったものは、西洋ではなく、むしろその時代であったのだ。

一九世紀近代の共通性は、歴史的な画一性をもたらしたわけではない。それどころか、異なる社会、異なる国家が異なるやり方で、それらの既存状況に従って、そのプロセスを実施したといえる。「衝突と偶然性」はまた、様々な変化の主導者によって、近代の国民国家と社会の様々な屈曲を生み出した。日本では、改革を提唱した国家が明治時代の終わりまでに達成された近代化という功績を自身の手柄にした。『開国五十年史』を振り返り、かつては懐疑を公言していた大隈は、今では「全世界の関心を刺激する」日本国家の「文明化への行進」について豪語した（Ōkuma ed. 1910: 1, 54）。当時は天皇の博愛、憲法、教育、そして経済成長がよく語られたが、国家的に重大なこれら各分野における発展が実際にどのようにして成し遂げられたのかについてはほとんど触れられていなかった。事実、政府の功績は自身が主張するよりもはるかに少なく、近代化の作業の多くは社会に任されていた。

今では多くの歴史家は次のことに同意している。それは、一八六八年の維新を導いた一連の出来事が、政治過程に直接関わったものの視点からだけでは理解することができないこと、むしろ、より広い社会のエネルギーと状態――それらは幕末期の動揺を含めて考えなければならない点である。しかし、一八六八年以降、社会の役割はそれよりもずっと大きく、その重要な勢力と行動を見出すことなしに、明治日本で起こった変化について解説することは不可能であろう。加えて、彼らは東京の政府内部の人間ではなく、都市、町、地方をまたぐ村々の人々であり、貧しいものもいれば裕福なものもおり、女性もいれば男性もいた。彼らは、国家に動員された無気力な大衆ではなく、場合によっては自発的に動員し、あるいは自身で意思決定するものもいた。彼らの存在なしには、明治の近代というものは生じなかったであろう。このため、私は初期の明治政府のことをあまり強くない国家（not-so-strong state）と主張している。例えば、地方のエリートであった、名望家の役割を考慮してみよう。中央政府は一八七二年に義務教育を発表したが、多くの場合、学校を建設したり、そのための資金を確保したりしたのはまさに地方のエリートであった。それに、子供のために学費を払ったのは一般の村人であり、それは単に政府が要求したからだけではなく、教育の価値を認めていたからである。一八七〇年代に学校をめぐり抗議を起こした人々は、租税や地方の管理、その他の理由を挙げていたが、彼らは時がたつと、高い入学率に寄与することになった。文部省はそれを鼻にかけたが、自身がその結果をもたらしたわけではなかった。「近代の仲介者」として、地方エリートはしばしば農業の向上、洪水調節やその他の分野でも先導した（Craig, forthcoming）。つまり、数々の重要な明治改革は中央によって命じられ――政府はしばしばその予算を支出しなかったにもかかわらず――地方で実施された。それゆえ、明治初期の日本において近代化をめぐる変化の主役は国家と同時に社会であった、と主張することも可能であろう。とはいえ、一八九〇年までとそれ以降続いた過程として、長い維新と見なすことは、その過程が一定で、円滑に、そして単線的に進んだことを意味するわけではない。多くは試行錯誤で進んだ即興的な近代化であり、また必ずしも中央政府の管理下に置かれたわけではない。多くの近代のビジョンとその再編がお互いに争うなか、それは明治初期の数十年間にかけて地域の境界および地方自治制の頻繁な変化に見られたようなある種の混乱した状況を生みだす結果となったのだ。

五　地震からの物語

江戸時代との連続性にもかかわらず、復古・維新・革命は非常に大きな変革を意味した。それは歴史的な地震――明治初期の二〇年間をめぐる組織、社会、政治、経済、そして文化的な地盤での劇的な変化――になぞらえられる。この地震はほぼ全ての人々に影響を与えたが、それは決して同じ次元のものではなかった。資本主義の作用、国力の技術、社会秩序の混乱が引き起こした転位（dislocations）は、数十年前には全く想像されず、また想像することもできなかった規模のものであった。こうした近代化の転位は、失われた平衡を取り戻そうとして人々が成功したり失敗したりしながら数年間にわたって展開された。なかにはどうすることもできないものもいた。島崎藤村の小説、『夜明け前』の青山半蔵を再び取り上げてみよう。青山は、地方の有力者であり、平田国学の信奉者でもあった島崎の父親の体験を基にしている。彼は維新に対して非常に大きな希望を持っていたが、実際の明治への著しい幻滅から、晩年には気が触れてしまった。一八八六年に彼が死去した時、文明開化というスローガンによって布告された新しいナショナルな時間よりも、彼はまだ今と異なる古い時間を生きていたのだ。また、「長い維新」に関して示唆的である徳富蘆花の伝記的小説『思出の記』に主人公として登場する、著者の兄であり名高い評論家であった徳富蘇峰を反例として取り上げてみよう。典型的に野心的な「明治の青年」として、維新の直後に彼は地方の侍の家に生まれた。若い頃、彼は次々に近代化の影響の波に乗り、中国から西洋の知識へ、キリスト教徒への回心から国民の議会政治に対する熱心な信仰へと移行していった。明治に生まれた彼は次々に起きた「精神的な地震」の余震を生き抜き、近代の転位に翻弄されるよりも、むしろその変化に刺激されたのである(Tokutomi 1970)。

もう一つの例として、最初の「近代的」公害事件として知られる明治後期の足尾銅山事件が挙げられる。数十年のあいだ、その公害に苦しめられていた地域の人々は救済を求めた。明治の歴史的地盤の地殻変動によって転位された結果、制度的な仕組みは不調をきたしていたため、彼らの試みはほとんど失敗に終わった。江戸時代に機能した救済の道はもはや機能しなくなっており、抗議や補償という近代の法律、政治、メディアによる手法はまだ過渡期にあった。近代化の混乱のさなかに足場を見つけ出すのは、容易なことではなかった。

歴史的変化の地殻変動を理解する一つの方法は、変動する明治の地形と相互に影響を及ぼし合う、異なる社会的地位にある異なる人々をめぐる物語の多様性をたどることである。例えば、一八七〇年代に土地私有を強制されたことに抵抗した、あるいは、弓矢の代わりに銃を狩りに使用することを要求されないように初期の明治政府に嘆願した、アイヌの例がある。当時の新しい言葉を使用しつつ、「御一新」が始まって以来、「旧弊」を廃し、多くの「文明開花の教訓」を「ありがたく」受けとめているが、もし狩りに銃を使うよう強制するのであれば、家族は飢えてしまう、と彼らは嘆願した(「乍恐再三奉嘆願書」加藤ほか編一九九〇、一五頁)。また安部井磐根の事例もある。彼は二本松の侍であり、一八七四年に俸給返還の許可を県令への嘆願書のなかで訴えたが、県令は政府がそのように求めていた計画を実行する気はなく、彼の嘆願を却下した。安部井は次のように再び嘆願書を書いた。「故ニ満胸自由ノ精神ヲ分呈シテ以テ一ハ一身ノ坐食ニ耐ヘサルヲ訴ヘ二ハ国歩ノ万一ニ裨益アランヲ求ムル耳」。そして彼は、「封建ノ残夢」から侍を呼び覚ますことに失敗した点において、県令を非難した（安部井「建言書」）。このほかに、四国の有名な山寺である金比羅寺に宥常という野心的な若い仏僧もいた。維新期の京都で神道が旋風を巻き起こすのを目撃したのち、彼は名前を琴陵として還俗し、寺院の改名や仏像の撤去を先導したため、由緒ある金比羅寺は当時政治的により高い位置に置かれた神道の神社に変化させられた（Thal 2005: 130-146）。

アン・ワルトホールによって巧みに叙述されている「松尾多勢子と明治維新」の物語は、一八六〇年代京都における維新政治のなかで松尾が演じた役割とともに、彼女の人生に関わる部分が興味深い。教養のある庶民の女性として、青山半蔵と同じ地方の出身であり、同じように平田国学とつながりを持ち、彼女は人妻、母、また詩人として、家族と地域社会における平凡な私的生活を維持しながらも、拡大しつつあった公論に入り込むに十分な強い力を持つ女性であった。彼女もまた、新しい明治政府に失望したが、天皇の役割と新憲法の「慈悲深い贈与」を結びつけることで自身の安心を得た（Walthall 1998）。明治期に成年に達したより若い女性の物語を追うのも価値がある。家族に送金するため賃金を稼いだ女工、民権運動における活動家や女性団体の創始者、教育界の女性、琉球の女性――彼女たちは男性と同等に近代化する社会変化に寄与し、また多くの例において国家よりも貢献した。彼女たちは、新しく形成されつつあった秩序のなかで、女性としての足場を確保するために、転位の機会を捉えたといえるのかもしれない。

こうした無数の個人的な物語は、明治の男女が維新後に起きた不安な変化に対して、どのように抵抗、歓迎、対処したのかを、そして一八八〇年代の終わりまでに形作られた秩序が決して前もって定められたものではなかったことを示している。進歩的な歴史家は、しばしば一八九〇年を歴史の区切りとして捉え、憲法や教育勅語の発布を明治時代のより暗い後半期の予兆としている。しかし、この時代区分の慣例は、一八六八年の断絶のように——また、それと同じような理由で——疑わしいものである。闇から光へ、あるいは光から闇への変化にかかわらず、物事が一夜で変わることはほとんどなく、変化の色は白か黒かというよりも灰色に近いものである。ゆえに、今では一八六八年前後の連続性が認識されているように——明治初期における江戸時代との連続性、あるいは江戸末期における明治時代との連続性という具合に——明治の初期と末期の連続性も見ることができる。問題は、明治初期のどの糸が明治後期の織物に織り込まれ、そして、その結果として出来上がった模様が、前の二〇年とどのように異なるのか、あるいは異ならないのか、ということである。明治後期の社会主義者、インテリ女性、ストライキや抗議は、明治後期の戦争、帝国や愛国的国家主義のように、明治初期の土壌から生じ、二〇世紀のコンテクストにおける衝突と偶然性によって形作られた。明治末期の観点から明治末期を見ると、当時の人々は未来を暗いものとしては見たり予期したりしておらず、逆にしばしばその正反対の見方をしていた。いずれにせよ、長い維新を一八九〇年で終わらせてしまうことはできない。

明治の語りにおける明暗の描き方を調整する一つの方法は、維新を、リクールが提唱したように「長い期間の出来事」と見なすことである。ロングデュレ（*longue durée*）をまたぐ一つのトピック、一つの場所、一つの行いを捉えることは、変化の入り組んだ画面における一筋の連続性を見出すことを可能にする。二つの最近の研究がまさにそれを行った。マーティン・デュジンベレの“Hard Times in the Hometown”は、江戸時代から今日にいたるまでの山口県上関の町の成り行きを追う。驚くほどのことではないが、技術的、経済的、人口動態的、そして政治的変化——もちろん維新もそれに含まれる——の結果として、多くのことが切り替わった。同時に、例えば明治、昭和、戦後体制をまたいだ地方のエリート家系による政治力の堅持のように、ある種のパターンは存続し、再発した。それは複雑な物語ではあるが、過去二〇〇年におよぶ歴史の奥深さと長さを与えてくれるものでもある (Dusinberre 2012)。ギヨーム・ラドミラルの“L'Empire des expedients”は、一八九〇年の第一回国政選挙から一九三〇年代後半までの佐渡における買収選挙と選挙違反に焦点を当てた、異なる種類の長期的な研究である。そこで著者は、一九二〇年代までに、国会議員として地域社会に地盤を持つ明治の政治家に代わり、官僚、事業主、ジャーナリストからなるコスモポリタンな政治家が登場したことに、社会関係の着実な政治化を指摘した。ここでは、幕末の公議公論から維新を通して、民権運動や政党の勃興、政府の選挙介入も含めた政治空間の拡大と収縮の両面をたどることができる (Ladmiral 2018)。もし時折指摘されるように、フランス革命が一九世紀のヨーロッパの大部分に対して、その基盤と課題を与えたならば、明治の維新革命は一八五〇年代から一九三〇年代にかけて、そしてその後の侵略戦争と戦後復興への過程において、ほぼ同じものを日本に与えたのかもしれない。この観点から見れば、明治維新は起源の物語――近代日本の建国の物語――というよりは、近代化の変化をめぐる長い過程へのチャレンジおよびパターンであったといえる。

六　現在における維新

多くの画期的な時期のように、長い維新は複雑であった。それは是非を問うようなものであってはならないし、ましてや帝国と戦争の暗い日々か、あるいは戦後の平和と繁栄の明るい日々のどちらかを導く単線的なものとして語ったり解釈したりしてはならない。また、日本・西洋、あるいは伝統・近代といった二元論で図式的に分けられるものでもない。明治維新は断絶と連続、新と旧、江戸と明治、西洋と日本の文明などの両面が混在していた。それは暴力的かつ混沌としていたとともに、果敢なヴィジョンをもったものであり、慎重なものでもあった。それは単一で特異なものではなかった。つまり、実際に起きた維新と、期待され構想されたが実現しなかった他のものとを含む、いくつもの維新があったのだ。それらが総じてこの歴史の地殻変動、すなわち維新革命を構成した。

単純な物語の危険性は、過去を簡素化するだけでなく、歴史の多くを除外することにある。また、それは過度に整理され、整然とした物語を作り上げてしまうことだけにとどまらず、歴史的な変化がいうなれば「意図的に」方向づけられ、計画され、管理されていたことをも示唆する。しかし、長い維新の最も挑戦的で刺激的なものは、時には望まれなかったそのダイナミズムや、時には実現されなかったその可能性、そして当時の人々が思うままではないにせよそれでも自分自身の歴史を作ったことを示すその思想と行動の歴史的な「配電盤」である。維新への過程は矛盾し、場当たり的なものであり、その後の過程は即興的かつ紛争を伴うものであった。それらを取り除き、一八六八年から二〇一八年への直線的な「起源物語」を語ることは、過去を正しく検証することにはならない。加えて、一五〇周年記念への反応から判断すれば、そのような物語自体すら現在において求心力を失いつつある。

明治維新がメディアにおける歴史家によって手なずけられ、その記念の年が多くの人々によって無視されたため、その活気を失ってしまったように見えたことは、現在の日本にとって何を意味したのであろうか。明治史はなぜ人々を誘引、嫌悪、魅了、激怒させる力を失ってしまったのだろうか。ある歴史家が指摘したように、「明治維新論」が「論」を失ってしまった今、往年の活気ある議論はどこに行ってしまったのであろうか。[2] 要するに、なぜ明治期はそのパワーを喪失してしまったのだろうか。その答えは現在にあり、過去にあるのではない。そしてその危険性は、過去をめぐる単純な物語が現在をめぐる単純な物語を反映していたことにある。日本に限らず多くの社会で見られる私たちの時代におけるダイナミズムと政治的な見通しの欠如は、「長い維新」を構成したエネルギー、混乱、政治的な可能性、およびその世界を変えた出来事を容易に見失わせてしまう。大きな変化などもう起こりえないと思う現在の受動的な目撃者にとって、遠い昔の過去は、刺激したり鼓舞したりすることがあまりないのだろう。それはただの物語、国家の物語、単純な物語となり、愛国心をかきたてる点ではよいが、波風を立てることにはつながらない。それは現在にとってはよいかもしれないが、将来にとっては使い物にならないだろう。

注

（1）「通俗史学史（Vernacular historiography）」とは一般的な歴史意識を指す。
（2）この点は、一九九〇年以降に見られる実証的な学術研究（実証研究）の潮流について指摘されている（奈良二〇一七、一一頁）。

参考文献

安倍晋三「年頭所感」二〇一八年一月一日（https://www.kantei.go.jp/jp/98_abe/statement/2018/0101nentou.html）
安倍晋三「明治一五〇年式典　安倍内閣総理大臣式辞」二〇一八年一〇月二三日（https://www.kantei.go.jp/jp/98abe/statement/2018/00034.html）
安部井磐根「建言書」一八七四年一月七日（国立国会図書館憲政資料室所蔵「安部井磐根関係文書」四七四）
板垣退助『独論七年』広文堂書店、一九一九年

植木枝盛「明治第二ノ改革ヲ希望スルノ論」一八七七年
「乍恐再三奉嘆願書」一八七六年一一月、加藤周一ほか編、ひろたまさき校注『差別の諸相　日本近代思想大系二二』岩波書店、一九九〇年
勝田政治『廃藩置県——「明治国家」が生まれた日』講談社、二〇〇〇年
苅部直『「維新革命」への道——「文明」を求めた十九世紀日本』新潮社、二〇一七年
坂田吉雄『明治維新史』未来社、一九六〇年
佐藤栄作「明治百年式辞」『日本経済新聞』一九六八年一〇月二三日
島崎藤村『夜明け前　第一部上』岩波書店、一九六九年（『夜明け前』は一九二九年に『中央公論』で連載され、一九三二年から三五年にかけて新潮社から出版された）
田中彰「明治前半期の歴史変革観」、加藤周一ほか編、田中彰・宮地正人校注『歴史認識　日本近代思想大系一三』岩波書店、一九九一年
徳富蘇峰ほか「維新革命史の反面」『国民之友』第二〇七号、一八九三年一一月三日
奈良勝司「明治維新論の現状と課題」『歴史評論』第八一二号、二〇一七年一二月
人見一太郎『第二之維新』民友社、一八九三年
丸山名政「維新論」『嚶鳴雑誌』第二八号、一八八一年八月二六日
三谷博『明治維新を考える』岩波書店、二〇一二年
三谷博『維新史再考——公義・王政から集権・脱身分化へ』ＮＨＫ出版、二〇一七年
三谷博・苅部直「『佐幕』『勤王』の対決史観はもうやめよう」『中央公論』第一三二巻第四号、二〇一八年四月
宮澤誠一『明治維新の再創造——近代日本の〈起源神話〉』青木書店、二〇〇五年
森田健司『明治維新という幻想——暴虐の限りを尽くした新政府軍の実像』洋泉社、二〇一六年
竜門社編『渋沢栄一伝記資料　第二巻』渋沢栄一伝記資料刊行会、一九五五年
Adichie, Chimamanda Ngozi, “The Danger of a Single Story,” TED talk (July 2009). (https://www.ted.com/talks/chimamanda_adichie_the_danger_of_a_single_story　同サイトでは、「シングルストーリーの危険性」として日本語版も利用可能で

ある）

Antohi, Sorin, Balazs Trencsenji, and Peter Apor, eds., *Narratives Unbound: Historical Studies in Post-communist Eastern Europe*, Budapest: Central European University Press, 2007.

Bailyn, Bernard, *The Ideological Origins of the American Revolution* [1967], Cambridge: Harvard University Press, 1992.

Beiner, Guy, *Forgetful Remembrance: Social Forgetting and Vernacular Historiography of a Rebellion in Ulster*, Oxford: Oxford University Press, 2018.

Craig, Christopher, *Middlemen of Modernity: Local Elites and Agricultural Development in Modern Japan*, Honolulu: University of Hawaii Press, forthcoming.

Dusinberre, Martin, *Hard Times in the Hometown: A History of Community Survival in Modern Japan*, Honolulu: University of Hawaii Press, 2012.

Hegel, G. W. F., *Lectures on the Philosophy of History*, tr. Ruben Alvarado, WordBridge Publishing, 2011.

Hill, Christopher, "How to Write a Second Restoration: The Political Novel and Meiji Historiography," *Journal of Japanese Studies*, 33, no. 2 (Summer 2007).

Ladmiral, Guillaume, *L'Empire des expedients: Achat des voies, repression des frauds électorales et système politique dans le Japon d'avant-guerre* (*1890–1937*), Ph.D. dissertation, Institut d'études politiques de Paris, 2018.

Ōkuma, Shigenobu, ed., *Fifty Years of New Japan*, 2nd ed., vol. 1, London: Smith, Elder & Co., 1910.（大隈重信『開国五十年史』）

Sakata, Yoshio and John Whitney Hall, "The Motivation of Political Leadership in the Meiji Restoration," *Journal of Asian Studies*, 16, no. 1 (Nov. 1956).

Taylor, Alan, *American Revolutions: A Continental History, 1750–1904*, New York: W. W. Norton, 2016.

Yoshida, Reiji, "Historical Jury Still Out on Japan's Meiji Restoration," *The Japan Times* (10/23/2018).

Ricoeur, Paul, *Memory, History, Forgetting*, Chicago: University of Chicago Press, 2004.

Thal, Sarah, *Rearranging the Landscape of the Gods: The Politics of a Pilgrimage Site in Japan*, 1573–1912, Chicago: University of Chicago Press, 2005.

Tokutomi, Kenjiro, *Footprints in the Snow: A Novel of Meiji Japan*, New York: Pegasus, 1970.（徳富蘆花『思出の記』）
Walthall, Anne, *The Weak Body of a Useless Woman: Matsuo Taseko and the Meiji Restoration*, Chicago: University of Chicago, 1998.

（山縣大樹、マシュー・オーガスティン訳）

第2章　中国から見た明治維新認識

川島　真

はじめに――明治維新百年（一九六八年）と百五十年

一九六八年一月二七日、衆議院本会議において佐藤栄作首相（当時）は次のように明治維新百周年を祝った。

わが国はことしで明治改元百年を迎えました。国民各位とともに、明治の輝かしい経営のあとをしのび、国家民族の長い将来にわたる発展のため努力する決意を新たにしたいと思います。明治維新は封建時代から近代への一大転換でありました。東洋の一小国であった日本は、ほぼ半世紀の間に世界的な国家に成長いたしました。当時、諸外国との友好を深め、進んで西欧文明を取り入れ、近代国家としての基盤を確立した国民の気概と活力、指導者の識見と勇断に深い尊敬の念を禁じ得ません（「第五十八回衆議院会議録」第二号（二）、二頁）。

この佐藤の言葉は直接的に明治維新と日本の対外侵出、また第二次世界大戦の惨禍を結びつけるものではない。だが、佐藤はこの明治維新百年を祝う言葉の後に以下の言葉を続けて「平和」の重要性を説いた。

自来一世紀、われわれは、第二次大戦で敗れた痛手を乗り越えて、焦土と廃墟の上に奇跡的といわれる復興をなし遂げ、わが国は、世界有数の先進工業国に発展いたしました。この成果を踏まえつつ、国際社会における枢要な国家としての地位を保ち、真に民族の恒久的な繁栄の基礎を築くべく、次の百年に向かって新しい出発をしなければなりません（同前）。

「真に民族の恒久的な繁栄の基礎を築く」という言葉には「真」でない繁栄を目指した路線があったことを暗に示唆し、「次の百年」にはそれを繰り返さない、としたのである。この言葉のあと、佐藤は唯一の被爆国として核廃絶を目指すことや南北問題に取り組む姿勢を示したのだった。

それに対して、明治維新百五十年を迎えた二〇一八年初春の国会での施政方針演説で、安倍晋三総理は会津出身の東大総長山川健次郎の言葉を引いたものの、まとまった評価は述べず、質疑応答に際しても歴史認識は二〇一五年の安倍談話で示した通りだとした。その安倍談話での明治維新該当部分では以下のように述べられている。

百年以上前の世界には、西洋諸国を中心とした国々の広大な植民地が、広がっていました。圧倒的な技術優位を背景に、植民地支配の波は、十九世紀、アジアにも押し寄せました。その危機感が、日本にとって、近代化の原動力となったことは、間違いありません。アジアで最初に立憲政治を打ち立て、独立を守り抜きました。日露戦争は、植民地支配のもとにあった、多くのアジアやアフリカの人々を勇気づけました（「内閣総理大臣談話」）。

明治維新百年の佐藤元総理の言葉と、安倍総理との言葉との間で、ある種の「葛藤」――つまり明治維新と戦争や侵略との関係性をめぐる葛藤――をめぐる心理状況が変化していることに気付くだろう。安倍談話もまた戦前の日本が路線を誤ったことは述べているのだが、それは戦間期のことであって、明治維新そのものの問題性は必ずしも指摘していない。

一　中国における明治維新観の変容

明治維新＝アジアの近代化モデル？

だが、佐藤元総理が「明治維新は封建時代から近代への一大転換」といい、安倍総理が明治維新という言葉は用いていないながらも、「危機感」、「近代化の原動力」、「独立を守り抜」く、などといった言葉を用いているように、明治維新は世界が大きく転換する中で日本が近代という時代に入り、また独立を維持していく上で、重要な転換点だったという点で、両者は共通しているだろう。

明治維新を違う角度から見てみよう。データの正確さには疑義が呈されてはいるが、一定のトレンドを理解するには便利なアンガス・マディソンによる世界各国のＧＤＰの長期トレンドを見ると、一九世紀からＧＤＰの状況が大きな変化を見せていることに気付かされる（“2,000 Years of Economic History in One Chart”）。それまで中国やインドに集中していたＧＤＰが、人口比に関わりなく、急速に欧米諸国に集まっていっているのである。それ以降、少なくとも二〇〇年近くいわゆる欧米先進国に世界の富が集まり続けた。この変化は、蒸気機関を生み出した産業革命などの技術革新、それが経済、政治、軍事などに与えた波及効果、さらにはそれ以後の技術革新を欧米諸国が主導したことを示している。昨今、中国やインドに再び富が集まり始め、次の技術革新を中国などが担うかもしれない、ということが米中対立の背景になっている。

　このようなＧＤＰトレンドから明治維新を見れば、明治維新はまさに中国やインドから欧米諸国へと富が集中している過程において、日本がその新しいトレンドに対応したものだと見て取れる。実際、日本の富は江戸時代、決して低くはなく、明治維新後の日本の富の比率は世界から見れば減少しているかもしれないが、それでも長期的に見れば、日本は欧米側と歩調を合わせた、と見ることもできるだろう。

日中近代化比較論と同時代性

　しかし、このような説明はあくまでも結果論にすぎない。結果的に見て、日本の自己認識が日清・日露戦争で大きく変化し、一等国意識が強まったこと、またそれにともなって明治維新が成功の原点として位置づけられるようになったことは容易に想像できる。しかし、果たして同時代の評価はどのようなものだったのか。あるいは、明治維新後の日本の相対的な位置はどのようなものであったのか。

　たとえば、ひと昔前、明治維新に代表される日本の近代化はまさに世界的潮流に対応したものであるのに対して、清や朝鮮はそうした時代の動きに対応できなかった、とする見方があった。また、なぜ日本は近代化ができ、清や朝鮮はそれが「できなかったのか」などといった、議論があった。これは「日中近代化比較論」などとされ、一九六〇年代や一九七〇年代に広く見られた論調だったと思われる。今から五〇年前には欧米諸国以外に「先進国」たらんとしていたのは日本だけであり、それだけになぜ日本にそれが可能だったのかという議論が生じ、そのために明治維新が注目されたのだろう。

だが、二一世紀に入った現在、すでに中国のＧＤＰは日本の三倍前後で世界第二位になり、また韓国にせよ、台湾、シンガポールにせよ、多くのアジアの国々が経済発展を遂げた。つまり、かつての「日中近代化比較論」は、日本だけを近代化の成功者とし、他のアジア諸国を成功者になれない存在として位置づける議論だった面があるが、二一世紀の現在はそうした議論の前提じたいが成立しない、ということだ。

だからこそ、なぜ日本だけがアジアで先進国になれたのか、という観点から明治維新を見るのではなく、多くの非欧米諸国が一人当たりＧＤＰ三万ドル以上になっている現状を踏まえ、むしろ一九世紀における世界史的な時代の変化に対して、非欧米諸国がいかにそれを認識し、対応したのかということを「同時代史的に」見ていくこと、また日本以外の国や地域も含めて比較の観点から捉えていく必要性があると思われる。

現在の中国における明治維新評価

その同時代の中国の明治維新観や明治維新評価の形成過程を検討する前に、現在の中国で明治維新がどのように捉えられているかを一瞥しておきたい。二〇一八年一〇月二三日、中国外交部の記者会見において（実際には会見の後）、記者から「今日日本政府が明治維新百五十周年を記念する儀式をおこない、安倍総理がその活動に出席しただけでなく、挨拶をおこなったが、中国側はそれをどのように評するか」という質問があったという。それに対して外交部スポークスマンは、「我々も日本政府が明治維新百五十周年を記念する儀式をおこなったことに気づいている。中国側としては、日本が正確、かつ客観的にその時期の歴史を認識し、また和平発展の道を歩むことを堅持し、実際の行動によって日本とその隣国との関係の改善と発展が進むことを望んでいる」と返答したという（二〇一八年一〇月二三日外交部発言人華春瑩主持例行記者会」)。これは明治維新百五十年を記念するという日本政府の行為が、中国側から懸念、あるいは警戒の視線で捉えられていることを示している。

これは、中国において、資産階級の改革運動である明治維新が日本の対中侵略の原点だと位置づけられていることと関連する。なぜ原点かというと、「面積が小さく、人口の多い日本」が近代国家を建設して産業をおこせば、資源と市場を求めて周辺を侵略することは必然であったという説明に基づく。また明治維新を主導したのが資産階級だとされるために、資産階級の問題性から明治維新を批判したり、また明治維新が「脱亜入欧」という性格を有していたことを指摘し、日本が西洋帝国主義に学んだことが問題だとする議論もある。つまり、階級論、帝国主義論の両面から日本の明治維新を批判的に見ていたのである。他方で、もちろん中国でも明治維新により日本が強国化したとか、あるいは二〇世紀初頭に多くの中国人留学生が日本の明治維新の成果を学んだと肯定的に見る面もある。鄧小平なども、明治維新は資産階級がおこなったものなのだから、無産階級である我々はもっと成果を上げられるはずだ、などと述べたとされる。しかし、この鄧小平の言葉にあるように、明治維新を積極的に評価しようとする議論でさえ、全面的に肯定してはいない点にも留意が必要である。ただ、注意しなければならないのは、これらは皆後世の、それも中華人民共和国や中国共産党による評価だということだ。では、同時代の中国人はどのように明治維新を見ていたのだろうか。

清朝末期の明治維新観

後になって中国の洋務と日本の明治維新が比較されて、日本の明治維新はなぜ成功したのかなどと比較されたが、同じ時代にそのように意識されていたわけではないようだ。上海の主要紙『申報』の発行会社が出した画報である『点石斎画報』には少なからず明治日本に関する記事がある。これらの多くは必ずしも明治維新に着目したわけでなく、日本人の習慣や出来事について記している（石二〇〇四参照）。『申報』の記事を見ても、確かに戊戌変法前後以降になると明治維新への関心は高まるものの、それ以前は必ずしも政治変革とか近代国家建設という意味での明治維新への関心は高くない。

東京にあった清の公使館にも勤務した黄遵憲は、『日本雑事詩』において、「玉牆《ぎょくしょう》旧国紀維新、万法随風倏《たちまち》轉輪。杼軸《ちょじく》雖空衣服粲《さん》、東人贏得似西人」（二〇頁）[1]などというようにして、明治維新を比較的高く評価したことが知られている。しかし、黄は同じ『日本雑事詩』で明治維新に関して「剣光重拂鏡新磨、六百年来返太阿、方戴上枝帰一日、紛紛民又唱共和」（一一頁）というように、王政復古として明治維新を見ている面もあった。またその著書『日本国志』では明治維新への手放しの賛辞はあまり見られないものの、日本の条約改正に注目するなど、肯定的な視線も見られる[2]。しばしば、黄の明治維新観は当初の賛辞から次第に後退した、と指摘されるが、必ずしもそうでもないのかもしれない。一八九〇年の序のある『日本雑事詩』の定本（一八九八年刊行）の序には、『日本国志』を記す過程で、『日本雑事詩』の最初の版本（一八七九年刊行）と矛盾する日本認識を持つようになったと記されている。そこでは、日本に対する肯定的な見解が記され、むしろ初版を記した時にはどうも明治新政府を批判する立場の人たちからの話を聞きすぎた、といったことを述べている（「定本自序」一〜四頁）。明治の時代が進むにつれ、黄の明治日本の見方は好転した、と見ることもできるのかもしれないのである。

民国時期の明治維新論——戴季陶の議論

日清・日露戦争を経て、明治維新は国内外で肯定的に評価されるようになった反面、周辺諸国からは日本の侵略の原点だという見方もなされるようになっていく。

黄遵憲とともに日本論者として著名な戴季陶は、興味深いことに明治維新について、「日本の改革は多数者である農民もしくは商工業者の思想行動によって起こされたのではなく、まったく武士階級による単独事業であった」と述べる。また、実際には明治維新後にその武士の多くが没落しても、近代日本の「上流階級、中流階級の気質は、『町人根性』の骨格に『武士道』の衣を着せた以外の何物でもない」とし、武士のあり方が道徳的、さらに信仰として継承されたとする。また、明治維新の成功の要因としては「時代の切実な要求があったこと」とともに、「人民の間に共通の信仰があったこと」をあげる。その信仰には、国家独立、民族統一、そして歴史的に形成された「王権神授思想」があるとしている。そのようなフィクションの下に人々が結集した、というのである(3)。戴は明治維新に近代日本の成功の原点を見ながらも、同時に対外侵略性や、その明治維新の基礎にある虚構、根拠のない自信のようなものも見出すが、同時に近代国家には独立や統一などに関する「信仰」が必要だという認識も見える。そうした点でアンビバレントな明治維新論だとも言えるだろう。

蔣介石の明治維新論

このような傾向は蔣介石にも見られる。蔣は、若い時期に日本の陸軍士官学校に入るための振武学校に学び、新潟県高田の第十三師団で訓練を積んだが、陸士に進学する前に辛亥革命のために帰国した人物である。それ以後も頻繁に日本を訪れている。その蔣は、明治維新に頻繁に言及した人物として知られている。だが、その蔣の明治維新論、あるいは日本近代論もまた単純ではなく、以下のような諸側面がある。

第一に、戴の明治維新に通じる理解、つまり日本国民に普及したある種のフィクションとしての統一国家などについてである。蔣は、一九三四年七月一三日の廬山軍官訓練団に対する講話で次のように述べた。「軍事面からいうと、日本は確かに近代的な国家だ。特に、彼らの軍事教育と国民教育については注意するべきだろう。明治維新以来、日清戦争、日露戦争を経て、現在に至るまで、彼らはある四文字を教育の基本精神にし、また全国国民すべての中心的な思想、軍国民の中心的な思想にしたのである。その四文字とは何か。それはすなわち、『忠君愛国』である。その教育が完全に普及することで、全国の国民、とりわけ全国の軍人の思想が完全に一致したのである。完全に一致したのは何か。それはすなわち忠君思想と愛国思想である」（「中華民国二十三年七月十三日対廬山軍官訓練団講」『総集』巻一二、三〇二～三〇三頁）[4]。

第二に、武士道への注目である。蔣は陽明学の知行合一論に着目し、その延長上で武士道と明治維新とを関連づける傾向にあった。この点、蔣は戦後に次のように述べた。「皆知っているであろう。日本は明治維新以後、現在に至るまで強盛であるが、それは完全に王陽明の『知行合一』の哲学から力を得たものである。その日本の武士道は王の『即知即行』を基礎としたものだ。日本の軍人はこの哲学を採り上げて、極力これを提唱し、それを一般の国民たちにも共通する信仰とし、切実に推し進めたのである。それは一面でその哲学を知ることを求め、また一面で実際に行動させることになった。そのようにして、わずか三〇年の間に、日本は崛起して世界の強国の一つになったのだ」(「中華民国三十九年一月二十三日在革命実践研究院講」『総集』巻二三、一〇六頁)。

蔣は武士道を日本独自のものとは思っていなかった。一九三四年の「革命軍人の哲学提要」という演説で、蔣は次のように述べた。「みなさんは以下のことを知らないといけない。それは、日本が明治維新よりも前、なにもかも我が中国から学んでいた、ということだ。彼らの立国の精神である武士道についても同じである。日本の武士道は、我々中国のある固有な道徳、また一部の固有な軍人精神を受け入れて形成されている」(「中華民国二十三年七月二十三日出席廬山軍官団　総理紀念週講」『総集』巻一二、三六三頁)。

第三に、明治維新を西洋の模倣と見る観点がある。ただこれも単純な批判だというのではなく、二面的な評価が見られる。一九三四年、蔣はある講演で次のように述べている。「日本人にはもともと独自の文化というものはなく、明治維新以前にはただ中国を模倣するだけだった。明治維新以後、今度は西欧を模倣することに尽力した。彼らのすべての進歩は、みな模倣からきたのである。たとえば、製造機械も戦争の機器もおよそ西洋のものであり、日本人はそれを模倣して製造しただけなのだ。もし西洋で何か新しいものが生まれると、日本人はすぐにそれを研究して、模倣して製造してしまうのだ。日本人はもともと愚直であり、何の発明もできない。だが、彼らは愚直であるだけにその愚直さを発揮して、何もかも模倣して製造してしまい、だからこそどの側面においてもみな進歩し、現在のような富強な国家になるという成功をおさめたのである」(「如何做新時代的空軍軍人」『総集』巻一二、二〇頁)。ここで明治維新は、明治維新前後の連続性を強調するものとなっている。日本は基本的に創造性がなく、模倣ばかりしているが、その模倣が徹底しており、それが日本の進歩の根底になるとしている。そして、ただ明治維新により、学ぶ相手が中国から西洋にかわったというのである。

第四に、これは当然の帰結でもあるが、日本の近代国家建設への評価と侵略の問題がある。たとえば一九三五年の演説で蔣は次のように述べて日本の留学生派遣政策を肯定的に評価する。「日本の明治維新以来の六〇年に満たない光景を振り返れば、当初彼らは学生を欧米に留学させた。その頃、我々中国も同じように学生を出洋留学させた。彼らの留学生は帰国し、我々の留学生も同じ頃に帰国した。彼らの留学生たちは帰国以後、軍事訓練や実業振興、自治の遂行、政治改革などに従事したが、我々の留学生もまた帰国以後同じような業務に従事した。しかし、日本の軍隊はそこから強くなり、経済もそこから発達し、自治もそこから完成に向かい、政治も革新された」(「中華民国二十四年一月二十八日在南京中央軍官学校講」『総集』巻一二、一五頁)。これらは日中の近代化比較論的な視点である。だが、たとえば一九四四年一月一日、「中華民国三十三年元旦全国軍民同胞に告げるの書」で蔣は次のように述べた。「自分は、一九三八年に次のように明確に指摘したことがある。『日本は明治維新以来、ずっと一貫した大陸侵略政策を持っていた。日清戦争で、日本は我々の台湾と澎湖を侵略、占領し、琉球を強制的に占領した。日露戦争の後、日本は朝鮮八道を併呑し、我々の旅順・大連を侵略し奪った。これらはみな、こうした地点を拠点として中国を滅亡させ、東アジアを単独で制覇し、また世界を征服するという野心に基づくものだった。我々の国父は、これらの日本の野心に対して、革命の伝統的な対策をとることを決定したが、それこそ「失った国土を回復し、中華を復興する」というものだった。今回の抗日戦争を通じて、我々は日本の侵略の野心を消滅させ、そうすることで朝鮮人民を解放し、台湾という失った国土を回復することを使命としなければならないのだ』」(「中華民国三十三年元旦告全国軍民同胞書」『総集』巻三二、五一頁)。日本の侵略に直面するなかで、蔣もその侵略の起源としての明治維新を想定し、そのなかで明治維新以来一貫した大陸侵略政策がある、と指摘したのだった。これは国民党のみならず、中国共産党にも引き継がれる歴史観だろう。

「歴史戦」における日本の明治維新像

中国では一九三〇年代になると日本研究が盛んになった。主要な侵略者としての日本を理解しようとする試みである。それより前の第一次世界大戦後、日本政府は中国側に対する文化政策を意識的に強化し、文化交流などをおこなって中国の対日感情を好転させようとしていた。それは、中国政府が日本について批判的な政策をとり、教育などでも日本を批判していると見なす向きがあったからである。

それだけに、一九三一年の満洲事変を経て満洲国が建国されると、そこでは国民党政権が編纂した教科書は墨塗りされ、日本にとって都合の悪い部分が削除された。一九三七年に日中戦争が始まると、こうした傾向は日本の占領地で強まることになった。日中双方はラジオなどを通じて歴史についてもお互いに自らの正当性を主張し、相手の主張を批判した。一九四三年、東京帝大の日本近代史研究者であった中村孝也教授は中国を旅し、蘇州にて明治維新関連の講演をおこなった。それは、「明治維新与《と》大東亜解放戦争」と題され、『政治月刊』という雑誌に掲載された(中村一九四三)。その中国語原稿によれば、中村は七五年前の明治維新について「将来の歴史家は明治維新を日本の歴史の時代区分点とするだろう」などとしてその重要性を強調した。そして、「維新以前、日本はアジアの日本であったが、維新以後、日本は世界の日本になった」などとした。中村は、明治維新の背景として農村の没落にともなう社会の機能不全と欧米列強の侵略があったとする。そしてそのような英米に対する維新運動の結果がこの大東亜戦争なのであり、明治維新が未完であるがゆえにこの戦争があり、さらにその精神と孫文の大アジア主義の精神はまったく異なるものではない、などとしたのである。

明治維新は、欧米列強の圧力の中で生き残るためにおこされたものであって、それは英米追従などではなく、むしろ英米に対抗していくものだったとする観点である。当時は日本国内でも明治維新と大東亜戦争の正当性を関連づける議論が少なくなく、それが中国などでの宣撫《せんぶ》工作に利用されていった。中国側もまた、日本側の宣撫工作に反発する中で自らの明治維新論を練り上げていったものと考えられる。

中国における明治維新像の揺らぎ

以上のように、戦前の中国では日本の明治維新論の影響も受けつつ、多様な明治維新観が形成されてきた。その中には、明治以来の日本が大陸政策なる中国侵略政策を有していたという議論のように、戦後中国の明治維新論にも大きな影響を与えた言説もあった。

中国における明治維新論にある明確な揺らぎは、これまで述べてきたように、明治維新を近代化の原点とする点と、侵略の原点と見る観点とに主に求められる。だが、このような観点は日清・日露戦争を経て形成されたもので、一九世紀後半に形成されていた観点とは言いがたい。日本の対中侵略は一九一〇年代の二十一か条要求などを経て次第に列強の間でも際立つことになった。当時の中国は近代国家建設をおこなっていたから明治維新はそのモデルと見なされつつも、同時に二〇世紀初頭の中国ナショナリズムの形成後に日本が「侵略者」として認識されたので、その明治維新が同時に侵略の原点としても位置づけられたのであろう。

このような明治維新認識の分化とともに、中国での明治維新論は様々な面で揺らぎを見せた。たとえば、すでに紹介したような、明治維新については日本が盲目的に西洋に学んだ結果であるとか、ある種のフィクションを信じた結果だとする議論は、一面で日本を批判的に見つつも、同時に中国自身にとって必要な要素を日本が有していることを指摘していた面がある。つまり、近代中国の日本論は、往々にして中国自身に欠けているもの、必要なものを析出するための議論という側面を有していた、ということである。国民の団結、徹底的な模倣の中から学ぶことなどは、日本の問題点としてそれを揶揄しつつも、同時にそれを中国は学ぶべきとされることもあった。そして明治維新を導いた武士道や陽明学を肯定的に見つつも、その起源は中国にあるなどと指摘する議論は、現在の中国の問題性とともに日本の先進性を意識しつつも、日本はもともと中国から多くを学んでいたとするものだった。逆に日本では、中国の古典を評価しつつ、現代中国を批判したように、日本を中国古典の中に示される「文明」の継承者と位置づけていた。

二　近代日中関係史をいかに描くのか

「日本＝近代／清＝伝統」を超えて

中国との関係で明治維新を見る場合、明治維新百周年と現在とでは、二つの意味で大きな相違がある。第一は、日中戦争、第二次世界大戦との距離感である。一九六八年は、終戦から二三年後ではあっても、七三年後の二〇一八年に比べれば遥かに「先の戦争」への意識が強くなる。この違いは本章の冒頭でも述べたとおりである。第二に、一九六八年の時点では、欧米以外の地域では日本だけが「先進国」の仲間入りをしていた、ということである。日本は一九六八年に世界第二位の経済大国に躍進し、一九七〇年代にはじめての先進国首脳会談が開かれた時にもその一員に選ばれ、三木武夫総理（当時）が参加した。それだけに、明治維新評価には「なぜ非欧米地域で日本だけが近代化できたのか」という視線がつきまとっていたであろう。二〇一八年にはそれが必ずしも見られない。中国が世界第二位の経済大国となり、また韓国もＯＥＣＤのメンバーになり、一人当たりＧＤＰではシンガポールの方が日本を上回っている。

明治維新評価にそうした「結果論」がまとわりつく傾向は戦前期にあった、ということはすでに述べた。だからこそ、本章では明治維新を同時代的に捉えると、結果論とは異なる見方ができるのではないか、と指摘した。無論、これまでの先行研究も、明治維新への日本での肯定的評価は日清・日露戦争以後に形成されたということを指摘しているし、中国近代における明治維新観の変容やその複雑さはすでに前段で描いたとおりである。

では、一九世紀後半、つまり明治維新が生じた時代の日本と清との関係史はどのように描くことができるのだろうか。日清戦争で日本が勝利し、清が敗北するという結果論を超え、また明治維新を日清・日露戦争と関係づける観点から距離を置いた場合にどのような見方が可能なのだろうか。

日清修好条規

たとえば近代の日清関係を制度化した一八七一年の日清修好条規は、確かに日清双方が「条約」に基づく対等な関係を目指したものだと位置づけることもできる。清の側は、倭寇や豊臣秀吉の記憶（記録）もあり、また長崎貿易の経緯も承知していた。清の対外関係、とりわけ海の側の対外関係は、冊封・朝貢関係と儀礼的な関係をともなわない貿易関係である互市関係とによって整理される。日清関係は後者の互市関係である。だが、広州でおこなっていた欧米諸国との互市貿易とは異なる制度の下でおこなわれていた。清からすれば、アヘン戦争後の南京条約など一連の条約で西洋諸国との「互市」のあり方を調整し、冊封・朝貢は基本的に維持してきた。一八七〇年前後は、ちょうど清と条約を締結しようとする西洋諸国が多かった時期で、そうした国々とはイギリスやフランスと基本的に同じ不平等条約を締結していた。そうした中で、江戸末期の日本は千歳丸や健順丸の使節を派遣して上海での交易を求め、清の側も上海での交易と日本の領事館設置などを容認した。だが、明治維新によって交渉が途切れていた。明治政府は、幕末の交渉を継承するかたちで清と交渉をおこなった。すでに少なからぬ研究が指摘しているように、この日清修好条規に至る交渉は、清主導の下におこなわれた。結果的に日清修好条規は「平等条約」であったが、それは近代の不平等条約の定義に照らして平等だということだった。つまり、片務的な治外法権、協定関税、最恵国待遇の有無を基準とした場合、日清修好条規は平等だと言える。だが、その第六条には、「此後両国往復する公文大清は漢文を用ひ大日本は日本文を用ひ漢訳文を副ふへし或は只漢文のみを用ひ其便に従ふ」とあるように、日清間の往来は漢文を用いることを基本としていた。たとえ、当時の日本の官僚に漢籍の知識があったとはいえ、漢文の往来では清側に有利である。日清修好条規をめぐっては、第一条にある「邦土」の適用範囲をめぐって論争などがあったが、この第六条はあまり注目されてこなかったようである。

また、清の側から見た場合、条約における有利不利や正文の言語に中国語を加えることなどについての意識はすでに一八六〇年代には見られたと思われるが、条約改正にはまだ着手していなかった。それだけに、冊封・朝貢の国々には貿易特権などを付与し、また条約締結国には治外法権、協定関税、最恵国待遇などの特権（恩典）を付与しているという視点を清は有していた。無論、条約関係にある国々よりも、冊封・朝貢関係にある国々に与えた特権のほうが、条約締結国のそれより大きいという理解だった。それだけに、日本との関係性においては、あくまでも平等である以上、冊封・朝貢関係にある国々ほどに恩恵が付与されない。それどころか、平等である以上、いわゆる不平等条約を締結した国々よりも、日本に恩恵は付与されていなかったということになる。日本と同様の形態は次第に清と南米諸国との条約にも適用されるが、この日本の事例を清の対外関係において何ら恩恵を付与しない最低位と理解するか、恩恵を与えない新たな関係性と理解するか、引き続き議論が必要だろう。

日清双方の多様な学びと理解

先に取り上げた中国の明治維新評価では、明治日本が西洋の模倣一辺倒だとする批判があるが、実際の歴史はそれほど単純ではない。明治日本の一世一元制度の採用も、まったく同じというわけではないが清の制度を受容したものであったし、廃藩置県も西洋の地方行政制度の導入という面もあるが、清の郡県制度から呼称などは借用している。

一般に、明治期には清から日本への留学生が多かったことが知られる。これは主に日清戦争後に中国の科挙制度が改革され、学歴が科挙合格資格と同等に扱われることになったために、もっとも廉価かつ迅速に学位が取れる日本の大学が好まれたことによる。学生たちは明治末年の日本で西洋近代を学んだ。これにより日本経由の「近代」が中国に流入した。西洋のテキストの翻訳には日本式の漢語（たとえば法律、経済、社会など）が多く用いられていたので、これらの言葉が近代中国語に流入し現在も用いられることになった。これはまさに明治維新が中国に近代国家のモデルを提供したという議論の根拠になっている。

だが、逆に日本から中国への留学生はどうであったのか。たとえば仏教の世界では小栗栖香頂《おぐるすこうちょう》が西洋やインドではなく清を留学先に選んだ。小栗栖の直面した一つの大きな課題は語学だった。いくら漢文が読めようとも、当時の北京官話、あるいは北京の日常で話されている言葉を理解するのは至難の技であったが、なんとかそれを克服する（陳二〇一四）。また、先の日清修好条規の影響もあってか、日本外交の現場でも中国語人材が著しく不足していた。長崎通詞の家系の中でも、鄭永寧ら一部の人材を除いて北京官話を扱う人材はいなかったのである。そのため、日本政府は人材を募り、中国に留学させ、語学を学ばせ、中国を理解させた。これが、小田切萬壽之助や瀬川浅之進などといった外務省チャイナスクール形成の契機となった。

他方、清から日本にやってきた前出の黄遵憲らは、多くの漢学者らの訪問を受け、筆談で交流した。日本の漢学者たちからすれば、科挙に合格した官僚たちはまさに憧れの対象であっただろう。黄がのちになって日本の漢学者たちのことをやや批判的に回顧したことはすでに記したが、中国の官僚は彼らを通じて情報収集をおこなっていた。そのために、漢学者たちの日本政治観に影響を受けることになった。日本に来た中国の知識人たちは、漢文化が中国とは異なるかたちで日本で展開していることに驚いた。特に、中国では禁書になって見られなくなった書籍などが保存され和刻本として引き続き刊行されていたことは彼らを驚かせた。清の官僚たちは、大量の書籍を購入し、中国に持ち帰ったのである。

以上のように、「伝統的な清」が「近代的な日本」から明治維新について学ぶ、といった一方的な、単純な「学び」だけが存在していたわけではない。無論、人数から見れば明治末年に日本で西洋近代を学んだ中国の若者は一万前後にも及び、日本から清への留学生の数はそれにまったく及ばない。日本に来た中国人学生たちは、大学で中国語を通じて法律や政治を学んだだけでなく、日本の日常生活に接し様々な感想を持っただろう。たとえば、日常生活においては日本人の生食文化を蔑視し、逆に日本の女性の纏足をしていない足を見て、自国の纏足制度を批判したりした。彼らの体験もまた多様であった。

日清間の外交・軍事バランスについて

明治維新後の日清間の関係性について見る際には、日清修好条規の批准書交換のために一八七三年に北京を訪れた副島種臣大使の謁見儀礼問題がひとつの事例になるだろう。副島は自らが天皇の代理である「大使」であり、また日清間は対等であることを根拠にして、臣下の儀礼である三跪九叩頭《さんききゅうこうとう》を拒否して、簡便な「三揖《さんゆう》の礼」で済ませた。そして、大使である副島のあとに、北京に常駐していた諸列強の公使たちも同治帝に謁見したのだった。これは前例とはならず、以後皇帝との謁見方法は問題となり続け、一九〇一年の北京議定書まで議論は続いた。ただ、清は副島らの要求に単純に応じたわけではない。交渉に当たっていた李鴻章は最終的に副島に応じて謁見を受け入れたが、謁見場所には中南海の紫光閣を選んだのである。紫光閣は、朝貢使節などが用いる場所であった。三跪九叩頭を用いないにしても、謁見場所を下げることで全体のバランスをとったということである。

また、現実的な外交においても、日清関係において日本が圧倒的に優勢というわけではなかった。たとえば一八八〇年代前半から半ばにおいて清は朝鮮半島に対する影響力を強化し、一八八五年の天津条約に際しても、日本は清と朝鮮との冊封関係についての条件を条約にいれることができなかった。その翌年、一八八六年には強化された北洋海軍がはじめて黄海を出てから対馬海峡を越え、日本海まで行き、元山沖まで巡航している。その帰途、艦隊が長崎に立ち寄った際に発生した清国水兵による暴行事件が長崎清国水兵事件だ。この事件は最終的にそれぞれが死傷者に対して見舞金を支払うことになったが、死傷者数が清の方が多かったために、結局日本の方が多くお金を払うことになった。この事件の処理などでも、日本に有利に処理されたわけではなかった。

一八七〇年代末から一八八〇年代半ばにかけて、士族の反乱や西南戦争への対応の影響により日本財政が厳しかったこともあり、日本の国家運営は厳しい状況にあった。外交や軍事などの面でも日本が清に対して優勢だということはなかなか言えない状態にあったのである。

条約改正をめぐる議論

かつて、日中間の近代化比較論においては、条約改正が重要な説明要素であった。日本が列強に認められる文明国になり条約改正を実現したのに対して、中国はそうではなかった、というのである。確かに、日本は明治維新後、すぐに条約改正に着手した。そして、一八九四年には治外法権撤廃に成功し（一八九九年に内地雑居とともに実施）、一九一一年に関税自主権回復に成功した。日本は近代国際関係における「文明国」となるべく国内法制などを整備し、同時に日清・日露戦争などでの勝利を後ろ盾にしながら条約改正を実現したのである。それに対して、清が条約改正を政策として採用するのは二〇世紀初頭の光緒新政期からだと理解できる。一九一〇年代には第一次世界大戦で戦勝国となることによってドイツ、オーストリアとの条約改正に成功し、一九二〇年代には条約期限に来たら条約を改正する修約外交を展開し、他方で国民党やその政権は「不平等条約改正」、「国権回収」などといった言葉とともに革命外交とよばれた政治運動をおこないつつ、実際には修約外交の手法をとって一九二〇年代末に関税自主権回復に成功した。そして英米に対する治外法権撤廃は一九四三年に実現した。関税自主権が優先されたのは財源確保と産業育成のため、また国内での法制整備の立ち遅れなどが原因だった。日本と比べると、中国の場合は文明国化というよりも、対列強交渉と戦争での勝利を利用して改正していったと言えるだろう。

両者の条約改正を時間軸で比較すれば確かに日本の方が早い。また、日本は条約改正を文明国化という国家建設と結びつけたのに対して、敗戦条約が不平等条約の多くを占めた中国では文明国化よりも戦争による勝利が条約改正の原因となった、と言えるかもしれない。

清の条約改正が遅れたことは、第一に清にとって条約関係が互市関係の延長で理解され、その互市関係よりも冊封・朝貢関係のほうが主要な関係と位置づけられたので、冊封・朝貢関係の維持のほうが優先されたということがあろう。第二に、不平等条約の不平等性それじたいが皇帝から外国に与えられる恩典として理解されていた面があることがあろう。むろん、不平等条約を問題視する意見は黄遵憲だけでなく、多くの官僚にあった。だが、それらの声は必ずしも政策として練り上げられてはいかなかった。清にとっては、やはり冊封・朝貢関係が日清戦争後にほぼ終焉してから条約改正が政策として採用されたということになるだろう。

他方、日本について見ても、同時代的に条約改正が社会から歓迎されたのかと問われれば複雑な局面もあった。たとえば内地雑居の問題があった。治外法権の撤廃は、居留地の撤廃を意味し、それは外国人の内地雑居をも意味することになった。それに対して、大井憲太郎らが組織した内地雑居研究会、大日本協会などは反対した。これは条約改正反対というよりも内地雑居に対する反対であった。つまり、同時代的には治外法権撤廃に反対する動きがあったのである。そして、伊藤博文はこの反対運動に対処すべく議会を解散するなどして対英交渉を進めた。最終的に日清戦争が始まり、社会の関心事が戦争に移っていった。だが、いずれにしても、条約改正が当時の日本社会に手放しに歓迎されたわけではないことには留意が必要だ。その後、一八九九年の内地雑居実施が近づくにつれて、今度は外国人労働者問題などが発生し、主に中国人の内地雑居が論点となった。そして、外国人労働移民を抑制し、職業を限定することなどが議論されていったのだった。

以上のように、条約改正についても、日清を比較してみれば遅早はあるものの、それぞれの特徴や複雑な背景があることが分かる。ある意味で分かりにくい説明になるのかもしれないが、明治維新を近代国家建設の契機と位置づけ、過度に他のアジア諸国との相違点や遅早を指摘することには慎重であるべきではなかろうか。

おわりに

本章では、明治維新を中国がいかに捉えたのかということについて、同時代、またその後の見方の変遷について考察するとともに、それがどのような背景の下に変遷したのか、そして日本における明治維新観といかに関わっていたのか、あるいは異なっていたのかということを考察してきた。

冒頭で紹介した、明治維新百年当時の佐藤政権の総括と、百五十周年の安倍政権のそれとの間に明確に見られる相違、つまり日中戦争、第二次世界大戦との緊張関係の濃淡という問題は、中国の明治維新観を考える上でも極めて示唆的だった。中国の明治維新観の基調には、明治維新による近代国家への転換という比較的肯定的な側面と、対中国侵略という否定的な側面の二律背反的な評価があった。だが、黄遵憲や戴季陶の明治維新観がそうであったように、そうした二律背反的な議論だけで明治維新評価が語り尽くせるわけではない。それは中国が日本近代そのものをどのように捉えるのかということに直接的に関わるもので、複雑なものだった。つまり、明治維新は一面で中国にとって学ぶべき対象でありながらも、批判すべき対象であるだけでなく、その学ぶべき対象である日本はもともと中国から学んでいたという自己評価にも結びついていた。日本を肯定することは自己肯定の側面があったのだった。

また、本章では一九世紀後半の日中関係をどのように捉えるのかという論点についても紹介した。そこでは、日本が明治維新で成功裏に近代国家となり、清が旧態依然の老大国として日本に遅れをとった、といった日中近代化比較論では捉えきれない事象が多くあること、実際には日清それぞれが異なるリズムでこの時代を迎えていたことを指摘した。

無論、日本国内でも明治維新観は同時代的にも多様だった。周知の通り、夏目漱石はしばしば「明治」という時代を問うた。一つの時代の終わり、を描き出した『こころ』もそうであった。そして、『三四郎』では、日露戦争における日本の勝利、あるいはそれに沸く日本社会を揶揄し、次のような叙述がある。これもまた明治という時代が生み出した日本に対する一つの懐疑であっただろう。上京する汽車の車内で出会った男は、日露戦争の日本の勝利の成果を疑った。三四郎は、「日露戦争以後こんな人間に出会うとは思いもよらなかった。どうも日本人じゃないような気がする」と感じながらも、「『しかしこれからは日本もだんだん発展するでしょう』と弁護した」のだった。「すると、かの男は、すましたもので、『滅びるね』と言った」(二四～二五頁)。これもまた、明治日本への同時代人の懐疑を示すものだろう。明治維新をめぐる評価については、同時代性と多様性の双方を重視し、のちの時代からのやや単純化された評価に堕さないようにすることが肝要だろう。

注

(1)『日本雑事詩』には様々な訳本があるが、ここでは「定本」(黄自身が一八八五年の序がある最初の版本を一八九〇年に修正した版本)の訳書として、実藤恵秀・豊田穂訳『日本雑事詩』をあげておく(本文中に同書の頁数を示す)。
(2) 特に「鄰交志下二　泰西」(『日本国志』巻八)にそうした傾向が見られる。
(3) ここでの日本語訳は、市川宏訳『日本論』に依拠する。
(4) 以下、蔣介石の引用については『総統蔣公思想言論総集』の巻数と頁数を示す。

参考文献

黄遵憲〈実藤恵秀・豊田穂訳〉『日本雑事詩』生活社、一九四三年
石暁軍『「点石斎画報」にみる明治日本』東方書店、二〇〇四年
戴季陶〈市川宏訳〉『日本論』社会思想社、一九七二年
「第五十八回衆議院会議録」第二号(二)、一九六八年一月二七日(国会会議録検索システム、http://kokkai.ndl.go.jp/cgi-bin/KENSAKU/swk_dispdoc.cgi?SESSION=42109&SAVED_RID=2&PAGE=0&POS=0&TOTAL=0&SRV_ID=3&DOC_ID=11383&DPAGE=3&DTOTAL=422&DPOS=43&SORT_DIR=1&SORT_TYPE=0&MODE=1&DMY=44991［最終閲覧日：二〇一九年三月一〇日、以下同じ］)

陳力衛「明治初年日本僧の中国語体験」『成城大学経済研究』二〇六号、二〇一四年一一月
「内閣総理大臣談話」二〇一五年八月一四日（首相官邸ウェブサイト、https://www.kantei.go.jp/jp/97_abe/discource/20150814danwa.html）
中村孝也「明治維新与大東亜解放戦争」『政治月刊』第五巻第一期、一九四三年
夏目漱石『三四郎』春陽堂、一九〇九年
秦孝儀主編『総統蒋公思想言論総集』巻一二（演講）、巻一三（演講）、巻三二（書告）、中国国民党中央委員会党史委員会・中央文物供応社、一九八四年
「二〇一八年一〇月二三日外交部発言人華春瑩主持例行記者会」（中国外交部ウェブサイト、https://www.fmprc.gov.cn/web/fyrbt_673021/jzhsl_673025/t1606427.shtml）
"2,000 Years of Economic History in One Chart," *Visual Capitalist* (https://www.visualcapitalist.com/2000-years-economic-history-one-chart/)

第3章　明治維新の賞味期限
――語りの変遷をめぐって

有馬　学

はじめに

最初から高揚感のない言い方で恐縮だが、決して少なくないと私が推測する他の人々と同様に、いま明治百五十年について何か語るのは、筆者にとって大変おっくうな行為である。ならば黙っていればいいのだが、ここに興味深いのは、明治百五十年が高揚感の源泉にならなかったのは、筆者に限らず世間一般の態度であるらしいということ、明治百年と比べて否定的にも肯定的にも、はるかに盛り上がりに欠けたということである。そこには歴史研究者として汲むべき主題が存在すると思う。あまり座り心地のよくない感覚は残るが、盛り上がらなかった根拠について考えるところから始めたい。

内容に入る前に、表題に用いた「賞味期限」について説明しておく必要があるかもしれない。当たり前だが、歴史的な事柄を研究するのに賞味期限など存在しない。いつ何を研究したってかまわないわけだが、ここで言いたいのはそういうことではない。

明治維新をどう考えるかというのは、日本の知識人にとって、長きにわたって特別な（特殊なでもいいが）意味を持っていた。その問いは、たんに歴史的な事柄について問われるのとは異なる、ある特別な問いであった。明治維新をどう考えるかと問われるとき、人は同時に、お前が生きている現在の日本社会についてどう考えるのか、それは真の（近代的な、民主的な）市民社会だと言えるのかと問われているようなものであった。もっと大げさに言えば、論者の人間としてのあり方が問われるような、現在の筆者なら御免蒙りたい息苦しい問いであった。

鎌倉幕府の成立について論文を書くときに人間としてのあり方を問われることは、ふつうはあり得ない。そのような意味で、明治維新に関する問いは歴史研究の主題一般とは異なる、特別なものだった。そのような特別さは今や（というよりずっと前に）消滅しているのではないか。特別な意味という観点から見れば賞味期限切れではないか。かつて特別だったものが、今特別ではなくなっているということは、明治百年に比べて明治百五十年があまり盛り上がらなかったことと関係しているのではないか。そのような観点に立つならば、明治百年の再演でもなければ茶番でもない、それどころか演じられる必然性もなかった明治百五十年について、まともに考える意欲も少しはわいてこようというものである。

一　明治百年と明治百五十年――特別な歴史としての明治維新とその終わり

明治百五十年の〈理念〉

二〇一八年の一〇月二三日（明治改元の日だ）、明治百五十年の記念式典が、多くの人が気付かないうちに実施されていた。憲政記念館を会場に（そこでやること自体に何ら異議はないが）、参加者は約三五〇人だったという。五〇年前の同じ日、明治百年記念式典が日本武道館で一万人を集めて行われたのに比較すると、まことに地味なものである。この時の安倍晋三総理大臣の挨拶は首相官邸のウェブサイトで見ることができるが、なかなか興味深い内容である。

興味深いのは、明治百五十年にあたって歴史的に参照されるべき事柄として強調されるのが、もっぱら近代化を成し遂げた先人たちの「底力」や「洋々たる活力、志の高さ」、あるいは「勇気と英断」、「たゆまぬ努力、奮闘」であることだ。しかし、それら先人の奮闘が、今日の我々が享受するさまざまな便益に満ちた社会を造ったという地続き感は、そこにはない。そして今日の我々がなすべきことは、それら先人の奮闘に「想いをはせながら」、現代の難局に立ち向かうことなのである。現代の難局とは何か。内には「急速な少子高齢化」、外には「急激に変化を遂げる国際社会の荒波」だという。明らかに近代化一般とは異質な課題、まさに「近代後」を象徴する課題である。地続き感の無さの根拠はそこにある。

この挨拶から、かつての明治百年記念事業に見られた熱量を感じ取るのは、難しいのではないだろうか。それは記念事業そのものにも表れている。本章を草するにあたっての確認ではじめて知ったのだが、『明治一五〇年』関連施策各府省庁連絡会議」というものが二〇一六年の一一月に発足しており、一二月二六日付で『明治一五〇年』関連施策の推進について」という文書が策定、公表されている（首相官邸ＨＰ）。「基本的な考え方」としてあげられているのは、「明治以降の歩みを次世代に遺す」、「明治の精神に学び、更に飛躍する国へ」の二項だが、興味深いのはそれらに関する具体的な施策である。

「明治以降の歩みを次世代に遺す施策」として語られるのは次のようなことだ。すなわち、明治期に関する文書、写真等の資料の収集・整理、デジタル・アーカイブ化の推進などである。しかもそれらは「ＩＣＴなどの最新技術を活用し、新たな国立公文書館の建設が予定されていることも踏まえ」て推進されるという。歴史研究に携わる者に限らず、まことに結構と言うほかない。さらに「明治の精神に学び、更に飛躍する国へ向けた施策」としては、日本の各地でそれぞれの地域ごとに、明治期に活躍した「若者や女性、外国人」を掘り起こして再認識するとともに、明治にゆかりのある建築物の公開や美術展の開催など、当時の技術や文化に関する遺産に触れる機会を充実することなどがあるとされる。これほど多様性に配慮した歴史認識の方法が、政府関係者によって具体的に提起されるのは珍しいのではないか。

明治百年との違い

冷静と言えば冷静な議論である。もちろん筆者は皮肉を述べているのではない。これらは明治百年にはなかった動きである。というより、百年や百五十年でなくともやるべきことである。つまり、ここに見られるのは、言うなればごくまっとうな、その意味で普通のアイディアである。首相のお声掛かりで実施される記念事業について、官房の優秀な官僚から普通の（まっとうな）アイディアしか出なかった。これは否定的な意味で言っているのではなく、おそらく歴史研究者が考えてもあまり代わり映えがしないことになりそうな、普通に大事なことが列挙されたという点に注目したい。そのような意味で、もはや明治百五十年は、あるいは明治維新は、肯定・否定いずれの意味でも、何がしかエモーショナルな力を喚起する力を失っているのだ。そしてそれ自体は、まことに結構なことだと言うほかないというのが、筆者の認識である。

付け加えると、この施策の方向性に沿ったイベントが各地で実施された。ざっと見たところ、どの自治体も真面目に取り組んでいたように思われる。筆者が感じたのは、ついに明治維新がローカル・ヒストリーになったということであった。そこに見られたのは、地域にとって明治維新とは何であったかを問い、地域にとっての明治百五十年を考える態度である。しかもそれらの取り組みは、薩長土肥の勝ち組旧藩に限られたものではなかった。

地域社会にとって明治維新とは何だったのかということを、地域社会自身が本格的に問う行為は、これまで見られなかったことだと思う。しかもそれが各地で行われたということは、画期的と言ってもよいのではないか。一見またかと思わせるようなイベントの背景に、〈はじめて〉を見なくてはいけないのだ。このことは、明治百年と明治百五十年を比較したときの大きな差異であろう。重ねて言うが、それは悪いことではない。

しかし明治百年と百五十年を比較したとき、最も大きな違いは、明治百年を最初に提唱したのは論壇であって政府ではなかったということだろう。それも保守派論壇から提唱されたのではなく、そのうちの重要な一人は竹内好であった（このことについては後述する）。しかも興味深いことに、政府側ものちに記念行事を策定するとき、竹内の提唱を意識していたのである。

この事実をはじめて指摘したのは、おそらく宮本司の論文である（宮本二〇一八・六）[1]。宮本は一九六八年一月の広報誌『解説　政府の窓』（総理府広報室）を引きながら、そこで竹内の「明治百年記念祭」の提案が国民的にクローズアップされ、「明治百年記念ブーム」の呼び水になったと解説されていることを指摘した。後述するように、竹内の提言は一九六〇年二月になされている。明治百年から八年も前の、しかも『週刊読書人』という批判的知識人御用達の媒体に掲載された記事が、政府広報誌で援用される。見ようによっては軽い目眩をもよおすようなこの事態こそ、明治百年と明治百五十年が置かれた、戦後的空間と「戦後」後的空間の差異を示しているのかもしれない[2]。

二　二つの引照基準——明治の終わりと昭和の初め

明治を共に生きる？

本章の冒頭で述べたように、明治維新は日本の知識人にとって〈現在〉を照らす鏡であった。それぞれの時代に、それぞれの〈現在〉を照らし出す行為が繰り返された。しかしそのような行為はいつ頃から始まったのだろうか。

山口輝臣の指摘を借りれば、「〇〇という時代を生きていると、多くの国民が共有するようになった最初の時代」が明治である（山口二〇一八、三一頁）。そのような形式での同時代意識の共有は、時間をかけて作られていったものであった。

幕末・維新という時代は、明治一〇（一八七七）年の西南戦争が終結するまで、内戦の時代であった。戊辰戦争で朝敵藩とされた人々は、多くの死者を出しただけでなく、生き残った人々も深い心理的な傷を負った。そもそも明治維新は、はじめから国民的に共有される価値観の源泉などではなかった。新政府の成立後も、勝者の分裂による内乱が続いた。これら内戦によって引き裂かれた人々の和解は簡単なことではなかったはずだが、それが成立しない限り同じ時代を生きるという意識の共有は不可能である。和解はどのようにして可能だったのか。

たとえば、会津藩士の子として生まれた柴五郎は、のちに陸軍軍人となり、陸軍大将・台湾軍司令官にまで昇進する。晩年に書かれたその手記は、会津戦争敗北後の会津藩士の苛酷な命運を生々しく語っている。五ヶ月にわたる抵抗の後に降伏した会津藩は、二年後の十二月、下北半島に斗南藩三万石を与えられて多くの藩士が移住した。一〇歳の時に会津の落城を見た柴五郎も、生き残った家族とともにこれに従う。しかし厳寒の地で、痩せた原野に掘っ立て小屋を建て開墾をはじめたものの、「餓死、凍死を免るるが精一杯なり」という生活を強いられる。下北移住を控えた年の四月、東京にあった五郎は長兄の太一郎とともに駒場の観兵式見物に赴き、明治天皇の行列を見る。二旒の錦旗を従えた馬上の天皇を見送って、兄太一郎は「行列を見終わりて何事も語らず、余もまた何事も問わざりき」と手記は綴っている（石光一九七一、五八頁）。

天皇の国家に直ちに自己を同一化させることはかくの如く困難であった。だが同時に、彼らは明治国家の中で生きることを選択せざるを得なかった。柴五郎の場合は陸軍士官学校への入学がその出発点となる。陸軍軍人として功なり名遂げたことは、その後の明治国家の進運がもたらした結果に過ぎないが、それこそが彼らが内面の折り合いをつけることを可能にした最大の要因ではないか。忠誠を捧げるに足る国家的成功である。

「明治の御世」という成功の果実を手にした国民的な実感の成立こそが、時代意識の共有を可能にしたのである。人々が、「日本人という意識をもって国のことに関心を持ち、その責任を負担するのを当然視する国民という存在へ変化」(山口二〇一八、三〇頁)するのに要した相応の時間が、そこに存在する。その変化は、おおむね憲法制定、議会開設を経て、日清・日露の二つの対外戦争に勝利することによって実現したと考えてよいだろう。それでは、そのような相応の時間を経た後の維新観とはどのようなものだったのか。

維新を知らない子供たち

日露戦後から大正の初めにかけて、主としてその時代の政治システムに対する批判として、「第二維新」「大正維新」がしばしば語られるようになる。第二維新の主唱者の中心は、そのころ社会の一線に登場して発言しはじめた、政治家、社会運動家やそれらの卵たちであり、大正政変(一九一三年)をもたらすことになる第一次憲政擁護運動を、街頭や言論戦において担った人々である。その一人、当時東京朝日新聞の記者であった中野正剛は、次のように述べている[3]。すなわち、「最近数年の我政界が、桂系の官僚と、西園寺系の政党との情実苟合の為に百弊を流せるは、志ある者の斉しく憤慨せし所なり」と。そのような現状を打破するのが第二維新、大正維新である。

彼ら同時代人は今日の歴史家とは異なり、原敬の指導する政友会(「西園寺系の政党」)が、山県有朋の威令のもとにある藩閥・官僚勢力（「桂系の官僚」）と妥協・提携を重ねながら、確実に藩閥権力にくさびを打ち込んでいく過程などとは考えない。したがって、第二の維新において既成政党（とりわけ政友会）はすでに無傷の存在ではない。中野は刊行したばかりの著書の中で次のように述べる。

　若し夫れ藩閥の毒血を洗ふに党閥の汚血を以てするが如きは、吾人の最も戒めざる可らざる所なり。斯の如きは明治年代に於て未だ完成せられざりし維新の大業を継承して其の精神を拡充する所以に非ず（『明治民権史論』五〇一～五〇二頁）。

政党による統合の正統性は、原点である維新の精神に照らすとき、すでに毀損されているのである。同時にここでは、「維新の大業」は明治時代を通じて未完とされている点に注意すべきだろう。それでは、未完の革命である維新の精神とは何か。

中野によれば、明治維新とは幕府三百年の専制治下に鬱結した「国民の元気」が、世界の大勢に刺激されて一時に勃発し、「公民国家主義」の政体を樹立した「未曾有の盛事」である（同、一頁）。公民国家主義とは何か。それは、「国家を組織する各人民を以て、皆政治上の意見を行ひ得べき公民となし、国家を以て此等公民生活の完全を期するの機関たらしむるもの」である[4]。言い換えると、国民の主体的な政治参加が底辺にまで拡大されることこそ、維新の精神の実現であるということになる。つまり維新の精神とは、理想主義的に解釈された議会主義とほとんど同義なのだ。

このような主張は、当時繰り返された驚くほど似通った〈批判〉の一つに過ぎない。たとえば、早稲田大学出身の政治家（というより政界浪人）で、自身の周辺に離合集散する「新人」を率いて立憲青年党を名乗った橋本徹馬は、主宰する雑誌の誌上で次のように述べている[5]。

第二維新の先駆として起り来るべき当面の問題は何ぞや、吾人は是れを官僚派対非官僚派の一大衝突なりと云はんとす、（中略）固より一官僚派を征伐すればとて、それにて我党の所謂根本的現状打破は行はるべきものに非ず、（中略）而も我党は先づ腐敗せる我政界の病原を断ちて一応人心を新にし、其新になれる人心を率ひ以て真の第二維新を断行せんとするものなり。

橋本から見ても、既成政党はすでに第二維新の正統な担い手ではない。橋本にとって原敬は、「自ら政党の領袖にして、又政党内閣の内務大臣たるに係らず、憲政の本義を忘れて常に不言実行と称し只暗中飛躍を是れ事として天下の腐敗を助長せしめつゝある許す可からざるの大悪人」なのである[6]。

これ以上「第二維新」の用例を積み上げてもあまり意味はないだろう。中野や橋本の、そして第一次護憲運動の担い手たちの維新観は、現状批判者としての自らの政治的位置を弁証すべく、大正政変期に再構築された「維新の精神」である。彼らはおおむね明治二〇（一八八七）年前後に生まれた世代であり[7]、物心ついた頃には、憲法も帝国議会もすでに所与のものとして存在していた。そのような世代によって、現状批判における引照基準としての「明治維新」という歴史観が形成されたのである。

原点史観

このような、悪しき現状を照らす鏡としての明治維新、何度でも立ち返って批判的精神を確認する原点としての明治維新像は、維新が不可侵の価値であり、誰にも批判できないものであることで成り立っている。だがそれが批判しても構わないもの、否定することが可能なものであったらどうなるか。知識層の間でそのような明治維新観の根本的な書き直しを行ったのが、昭和初年の講座派マルクス主義である。

一九三〇年代初めの日本資本主義論争を通してなされた、講座派マルクス主義による明治維新観の顚倒については すでに述べたことがあるので詳述はしない（有馬二〇一〇）。『日本資本主義発達史講座』（岩波書店、一九三二年）の刊行を出発点として、その後の論争の中で形成された講座派史観の維新像は、本章の文脈に即して簡単に言えば次のようなものだ。明治維新は近代社会を形成すべきブルジョア革命として不徹底な革命であり、日本資本主義は農村を中心に後進的な領域を構造的に抱え込んだまま成立した。そのことが日本をまともな近代社会として成立させなかった。近代的個人の未形成、貧しさや不平等、政治や社会の不合理性などは、出発点である明治維新がもたらした〈ゆがんだ近代性〉に起因する。

これは、立ち返るべき原点としての明治維新という歴史観の根本的な顚倒である。重要なのは、このような歴史観が、コミュニストであると否とを問わず日本の知識人の常識を形成し、それが戦後の高度成長期に至るまで持続したことである。明治維新にまつわる第二の引照基準の規範性は、第一のそれよりはるかに強かったのである。その事実を前にすると、講座派史観がコミンテルンから与えられた一九三二年テーゼに基づく日本共産党の革命戦略と不可分であったことなど、とりあえず脇に置いてもいいくらいだ。

分かりやすい例をあげよう。一九六〇年に刊行された長洲一二の『日本経済入門』（カッパ・ブックス）は、戦後出版史に名を残すベストセラーである。マルクス経済学者によって書かれた本が驚異的ベストセラーになること自体が、同名の啓蒙書を検索するとマンガ本が最初にヒットする現在からは想像がつかないだろう。

この本のテーマの一つは、戦後日本経済のめざましい成長を描くことであるが、もう一つのテーマは、日本経済の「二重構造」の実態を明らかにすることであった。大企業と中小企業の生産性の格差や賃金格差などに代表される「二重構造」は、今日の経済分析の知見が教えるところでは、一九二〇年代から三〇年代にかけて成立した歴史的なものである。しかしかつての日本の知識人にとって、それは日本の近代社会が抱え込んだ〈構造〉的なものであり、いまだに解消されていない課題であった。一九六〇年のベストセラー『日本経済入門』は、二重構造とは「戦前から、いや明治いらい、日本社会の『体質』、基本構造だった」と断じている。(8)

明治維新からおよそ一世代を経て、日露戦後の「新人」は現状批判の鏡としての維新像を語りはじめた。それからさらに三〇年近い時間を経て、日露戦争を知らない子供たちが選挙権年齢に達した頃に、〈何よりだめな〉近代日本の原点という維新像が広く受け容れられるようになり、それは敗戦をまたいで戦後日本に連続した。そして我々が改めて思い起こすべきは、明治維新を起源とする日本の悪しき近代という歴史像が少しずつ解体していく最終局面に、明治百年がやってきたということである。

少なくとも一九六〇年代まで、日本近代史を専攻しようとする大学生にとって、まず日本資本主義論争から勉強を始めるのは常識であり、学会では講座派的な歴史観が主流であった。(9)そのような知的雰囲気は、一九六〇年代末から七〇年代にかけて急速に退潮していく。それは現在の地点からマクロな目で見ると、世界的な知の枠組みの変動と、新しい歴史学の台頭に対応していたのだが、同時代的な感覚では、六〇年代末の大学内外における学生反乱が端緒をなしていたように見える。

前に述べたように、一九六八年の一〇月二三日、日本武道館に約一万人の参加者を集めて明治百年記念式典が行われた。他方でその二日前は一〇・二一国際反戦デーであり、学生を中心とするデモ隊が新宿駅を占拠して、騒乱罪が適用された日である。その二日後に、予定通り粛々と明治百年記念式典が実施されたのは、落ち着き払った行動と言えば言えるが、反政府的な知識人や学生の側に、明治百年などまともに相手にしない意識が広がっていたことを示してもいた。(10) もちろん正統派の歴史学は反明治百年に熱を上げていたが。

三　戦後ナショナリズムと維新観——顚倒の修正

竹内好における明治維新とナショナリズム

事実に即して言えば、ゆがんだ近代の原型としての明治維新という史観は、のっぺらぼうに戦後に連続したわけではない。一九六〇年代には、講座派マルクス主義とはニュアンスが異なる「失敗した革命」説が登場する。「失敗した革命」ではあるが、しかしそこには汲むべき積極的な意味や可能性があったのではないかという議論である。ここでは、二人の言説を取り上げてみる。竹内好と藤田省三である。竹内の場合、それがまさに「明治維新百年祭」の提案に結びついていた。

すでにふれたように、竹内による明治百年の提唱は、早くも一九六〇年二月になされている。一月に岸信介首相が訪米して改訂日米安全保障条約が調印され、それに反発する日本国内の反対運動が高揚を迎えようとする時期である。社会党、共産党、総評などが主導する安保条約改定阻止国民会議と共同歩調をとりつつも、それらから批判を浴び続けた全学連主流派にも一定の理解を示すようになる竹内が、安保反対運動の入り口で明治百年祭を提起していた事実は、改めて振り返ってみるとまことに興味深いものがある。

竹内は「論壇」が設定すべき共通の課題として、「明治維新百年を祝うべきであるか祝うべきでないか、祝うとすればどういう形で祝うべきか」と提起する。竹内の意見は、「私は明治維新百年祭を『黄金の六〇年代』の一大行事にしたい。そのカンパニアを組織することによって、革命の未来図をえがく手がかりとしたい」というものであった（竹内『全集』第九巻、六二頁）[11]。竹内の明治百年の提唱が、学術論争やイデオロギー論争の提起ではなく、はじめから「百年祭」という「カンパニア」であったことに注意すべきである。輿論を巻き込んだ国民的運動というイメージがあったのではないか。

明治維新百年祭というカンパニアが「革命の未来図をえがく手がかり」になるという発想は、今日の目から見ると相当な飛躍があるように見える。しかしその背景には、当時ようやく広がりつつあった明治維新再評価の動きがあった。『思想の科学』の一九六一年一一月号は「明治維新の再検討」を特集しており、竹内も寄稿している。その中で竹内は、先に明治維新の再評価を提唱したのは桑原武夫であり、自分はその祖述に過ぎないと述べている。桑原と竹内は一九六〇年代における明治維新再評価の潮流を作りだしていた[12]。

それと不可分に展開したのが、ナショナリズムの再評価である。この点でも桑原と竹内は互いに伴走者であった[13]。竹内は、「史上に類例がないといわれるキューバ革命」について、カストロの哲学が多くの点で毛沢東に似ているとして、「ナショナルなものを中核にすれば似ざるをえないのだ」と述べている。もちろん積極的、肯定的な意味である。そして、明治維新だって類例がないはずであり、「明治維新は、革命としては失敗したから、そこから革命の理想像を抽出するのが困難になっただけ」だと述べる（竹内『全集』第九巻、二四七頁）[14]。

アジアの〈革命〉とナショナリズム

注意すべきは、竹内にとって明治維新が失敗した革命であるのは、ゆがんだ近代の原点となったからではなく、最後に戦争（敗戦）に至ってしまったからだという点である。[15] 西欧型近代を作れなかったのが失敗なのではなく、非西欧型近代化のモデルを完成できなかったのが失敗なのである。「類例のない」革命の可能性を持っていた明治維新は、したがって「人類の共通の遺産であり、また遺産たらしめるべきである」ということになる（竹内『全集』第八巻、二三六頁[16]）。

きわめて興味深いのは、竹内の明治維新評価が、毛沢東による中国革命への共感とシンクロナイズされていることである。竹内が中国核実験に反対しなかったことは知られているが、一九六四年一〇月に中国が最初に核実験を実施したとき、日本の輿論が意外にも強い反発を示さなかったことについて述べた発言は、竹内の発想をよく物語っている（竹内『全集』第九巻、三九三頁[17]）。すなわち、「植民地革命に対する日本人の共感は、潜在的にはきわめて大きく」、今なお温存されたその感情が中国核実験に対する「判断保留となってあらわれた」のだと。

竹内によれば、欧米由来の近代化論や唯物史観は、本来的に植民地革命[18]を内在的に理解できないという制約を負っている。しかし日本人は、方法をもってすればそれが理解できるという。

その方法は、明治維新と、維新の一結果である明治国家を追跡することによって発見されると思われる。明治維新と中国革命は一面連続、一面断絶の関係にあるので、もしその連続面を取り出して理論化がなされるなら、植民地革命の一般理論をつくることも夢ではないかもしれない（竹内『全集』第九巻、三九三〜三九四頁[19]）。

後進国革命（近代化）の可能性をめぐるこのようなアイディアは、竹内が持続的に構想してきたものであり、その集約的な表現が「方法としてのアジア」であった。後進国革命という文脈は、講座派史観的拘束から明治維新を救出し、ナショナリズムの再評価を可能にした。そのことの背景に、同時代的な世界の動向があったことは言うまでもない（一九六〇年はアフリカの年と言われた）。

しかし竹内の期待にもかかわらず、毛沢東の中国は後進国革命（近代化）の舵をあらぬ方角に向ける。竹内が「植民地革命の一般理論をつくることも夢ではない」と書いた翌年、文化大革命が発動されるのである。

藤田省三と「維新の精神」

明治百年を前に登場したもう一つの注目すべき言説は、藤田省三のそれである。藤田の『維新の精神』は一九六七年に刊行されている。[20]

藤田はその中で、「維新は何によって維新たりえたのであろうか」と問い、処士横議する脱藩浪人の主体的行為に答えを求める。脱藩浪人とは、体制から無為に押し出された浪人（旧浪人）ではなく、「意識的な浪人」であり、「旧社会を自ら飛び出した」浪人であった（一五八頁）。「自然と作為」という丸山眞男の用語法にしたがうなら、作為の側に立つ存在であり、この場合の作為は近代性の別名と考えて差し支えない。ここでは、脱藩浪人に〈近代的〉主体の成立が見いだされているのである。

このような「身分」によらず「志」のみによって相互に判断し結集する「志士」が、紆余曲折を経ながらも横断的な連絡を作り（処士横議）、「旧社会の体内に新国家の核が生れた」（同）のである。「『志』すなわちイデー」によって結びつく志士への藤田の評価は、奇兵隊や長州本陣衆議所を例示しながら、「ひとはこの事実を見て『コンミューン』の名をまた『ソビエート』の名をまた『人民会議』の名を想起しないだろうか」（一五九頁）と、いくらなんでもジャンプしすぎだろうと思わせるまでに高揚する。

『志』すなわちイデーこそは一切の身分に対して平等に働く」（同）とする藤田の議論に対しては、なぜ幕末維新期に天皇という存在の象徴的価値が高騰したのかという問いが不可避である。それに対する藤田の答えは、新しい価値体系（普遍的価値や超越的価値）の提示と伝導を行う「予言的リーダーシップ」（一六六頁）が成立しなかったからだという。しかしそれでも、指導的浪士は皇国や天皇を「闔国」（国全体）の単なるシンボルとして自覚していた。彼等においては「天下」と「惣体」とが本当の忠誠を捧げるべき対象だったのであり、その意味では「国の意識が独立に生れていた」のだとされる[21]（一七二頁）。

もちろん処士横議する脱藩浪人にも、その横断的結合が民衆には広がらず、「普遍的価値」の伝道者たる「予言的リーダーシップ」が成立しないという〈限界〉はあった。しかしその寸前までは迫っていたという位置づけによって、藤田による明治維新の救出はなされた。藤田に従ってさらにその先を求めるとすれば、「世界と国民によって繰返し点検され検証される普遍主義的価値」（一七〇頁）の内面的定着ということになる。しかしこれはほとんど無理難題というものではないか。

藤田によって、竹内とは別の形で明治維新が救出されたが、両者の距離は遠くはない。竹内や藤田の明治維新は、彼らの理念が仮託された明治維新である。その理念は、彼らと同時代の現実に対する変革理念であった。

藤田の「普遍主義的価値」に対して、「ソビエート」が、また「人民会議」がそれであったか？と問うことは、歴史の後知恵かもしれない。だが後知恵に照らせば、藤田の「普遍主義的価値」概念はやはり無効であると言わざるをえないだろう。時代が変われば意味を失うものを「普遍」とは言わない。

竹内や藤田による明治維新観の修正は、社会的現実の急激な変化とパラダイムの変動のさなかに出現した。アジア・アフリカの時代や社会主義の多元化などは、明治維新とナショナリズムへの硬直した重石を取り除いた。しかしその生命は思ったほど長くはなく、急速にリアリティを失っていく。その後の世界の変化が、数倍して大きかったからである。

おわりに――明治百五十年への視点

以上に検討した内容は、さまざまな修正を加えながらも継続されてきた、〈特別な明治維新〉の理念史の一部である。竹内や藤田の明治維新は、〈特別な明治維新〉の最終形態だったかもしれない。それは借り物ではない自前の道具によって、状況に相渉る力戦の末に到達したものであり、そのことには敬意が払われるべきであろう。

しかしそのような倫理にわたる心理的負担を横に置いてみると、それらの維新観には何かが欠けていると思わせるところがある。問題の第一は、〈普通の人間〉の不在である。本章では意図して、中野正剛や橋本徹馬などの、いわば理念史的には超一流ではない人物の言説を取り上げた。たとえば橋本徹馬のような存在は、藤田省三のいう〈真の浪人〉ではないだろう。しかしこのような存在は無意味だろうか？　あるいは、明治維新において多数であったはずの日和見諸藩はどうだろうか。彼らは「維新」のその後に起きたことの担い手ではなかったのか。

丸山眞男や藤田省三の言うような、忠誠をぎりぎりまで突き詰めたところで反逆に反転するような、厳しい原理の内面化を要求されたら、筆者など完全に落第である。形成された中心的な価値理念こそが最も重要だという考え方は、発想として理解はできるが、そのような理解を原理にして歴史上の変動を捉えなければいけないのかという疑問はぬぐいきれない。現実には、圧倒的な多数の真の浪人ではない連中が動き回っているのが社会であり、政治である。そういう存在は本当に無意味なのだろうか。筆者には、厳しい原理を内面化するなどという行為とは無縁な、山のような普通の人はどうなるのだという問題の方が心配である。

もう一つの問題は、歴史に原点＝出発点を求める思考である。そのようなもの（原点）は、現在的な再構築としては存在しうるが、実体としては存在しない。もちろん、歴史認識には連続と切断の両面がある。しかしすべてを明治維新に始まると考えるのは歴史の貧困しかもたらさない。その後に起こったことは、すべて出発点との因果関係で説明されてしまう。出発点史観から離れることこそが、逆に現在と過去との対話を豊かにするのではないか。

たとえば、「明治百年」以降に何があったのかと考えてみる。第一に経済の高度成長をあげるべきだろうが、経済史家の見解を待つまでもなく、明治百年は高度成長の渦中にあった。さらに人々の意識に即して考えれば、次の指摘に見られる事態の方がより重要かもしれない。

戦前以来、日本の課題は欧米に追いつき追い越すことであった。その目標が日本人がほとんど気がつかないうちに達成されたのが一九七〇年代であった（中村一九九三、六〇五頁）。

これあるがゆえに、明治百年と明治百五十年は異なった受け止め方をされたのである。歴史をどこまで地続きで見たらいいのかというときの、一つのヒントになるのではないか。

結局のところ、維新言説の歴史的変遷は、何事かを仮託する歴史から普通の歴史へと明治維新像を解放する動きであった。明治百五十年をめぐる官邸スタッフの見解は、そのような推移を素直に反映したものだと言うこともできるだろう。

注

（1）『明治大学人文科学研究所紀要』掲載論文（宮本二〇一八・三）がより詳細だが、ここでは筆者にとって軽いショックだったので『現代思想』（宮本二〇一八・六）を引きたい。ちなみに、明治百五十年が盛り上がらないのは結構なことだと考える筆者にとって、『現代思想』に限らず特集を組むなどという行為には、せっかく盛り上がってなかったのに何てことしてくれたんだ！と言いたいところだが、こんな発見があったのだ、悪態は呑み込むことにしよう。

（2）ひるがえって、明治百五十年を準備した官邸スタッフは何を見ていたのだろうか。そんなことをいま知る術はないが、先に引いた記念式典での安倍総理大臣挨拶の中に、気にしようと思えば気になる部分がある。挨拶は歴史的遺産を次世代に伝える試みにふれて、「若い世代の方々には、是非とも、この機会に、我が国の近代化に向けて生じた出来事、人々の息遣いに触れ、光と影、様々な側面を貴重な経験として学びとって欲しいと思います。」（傍線引用者）と述べている。「光と影」は全体のトーンの中で唯一と言っていい不連続な印象を与える表現である。右に引いた『現代思想』の特集タイトルは「明治維新の光と影」。まさかね？

（3）中野正剛『明治民権史論』有倫堂、一九一三年、自序三頁。同書は『東京朝日新聞』の連載をまとめたものである。

（4）中野「対岸の火災」（三）『東京朝日新聞』一九一一年一二月二〇日付。

（5）橋本徹馬「民党聯合論」『世界之日本』三―六、一九一一年六月。

（6）同「原敬を政界より葬るべし」『世界之日本』三―八、一九一二年八月。なお同号は表紙に「原敬を征伐す」と印刷している。

（7）中野は明治一九（一八八六）年生まれ、橋本は明治二三（一八九〇）年生まれである。

（8）長洲は暴力革命によらない社会主義化を主張する構造改革派の一人であり、一九五九年に日本共産党を離党している。マルクス経済学者といってもゴリゴリの講座派ではない長洲の、しかも一般向けに書かれた本においても、日本経済の特殊な構造が「明治いらい」のものであったとされている点に注意すべきである。長洲はのちに二〇年にわたって神奈川県知事をつとめた。

（9）一九六五年に大学に入った筆者は、六七年に専門課程に進み、文学部国史学研究室の学生となった。今でも覚えているが、十数名いた同期生の多くが、進学当初は日本近代史専攻の意志を表明し、そのほとんどが明治維新に関心を示していた。ご多分に漏れず、筆者もまず日本資本主義論争と明治維新史に関する文献を手に取った一人である。明治維新が特別な主題である最後の時代であった。

（10）明治百年記念事業反対運動はもちろん存在したし、学会や史学科の学生の間でそれなりに盛り上がってもいた。しかし筆者の個人的な経験を述べれば、全共闘運動に象徴される時代の雰囲気の中で、明治百年はごく周辺的な、もしくは視野の外にある問題だったと思う。

（11）「『民族的なもの』と思想――六〇年代の課題と私の希望」（初出『週刊読書人』一九六〇年二月一五日）。以下、竹内の引用については全集の頁数を本文中に示す。

（12）当時は論壇の中心にあった『中央公論』も、一九六二年一月号から一年にわたって、「明治維新の再評価」を連載している。第一回は「明治維新の意味――今日も生きる課題」と題する、桑原武夫、竹内好、羽仁五郎、松島栄一による座談会であった。ただし連載そのものは、必ずしもポレミックな原稿ばかりではない。

（13）『思想』一九六二年六月号は「ナショナルなもの――その評価をめぐって」と題する特集を行った。それを論評した桑原の「ナショナリズム論について」（同九月号）は、冒頭で特集企画に「敬意」を表している。戦後論壇にナショナリズムへのアレルギーは未だに強く、『思想』が特集を企画しただけで「敬意」を表される時代であった。桑原はその中で、それぞれの民族にとってナショナリズムの動員が効率的であるのは、先進国の資本主義成立期、後進国の国内統一期、社会主義国の革命初期など、歴史上一回に限り有効であるという、「ナショナリズム一回有効説」を主張して、一時期話題になった（桑原一九六九、四五六頁）。竹内の場合は、以下に見るようにより踏み込んだナショナリズム評価である。

（14）「一年目の中間報告」（初出『週刊読書人』一九六一年一月二三日付）。

（15）竹内は「方法としてのアジア」（『全集』第五巻、九六頁、一九六〇年一月の講演、初出は武田清子編『思想史の方法と対象――日本と西洋』創文社、一九六一年に収録）の中で、「巧くいっていれば唯一の模範になりえたのであるが、結果として最後に、どんでん返しの失敗をやった。」と表現している。竹内が提唱した「方法としてのアジア」は、中国革命を鏡とする近代（現代）日本批判という枠組みで理解されることが多かったと記憶するが（筆者がそうだった）、いま改めて読み直してみると、明治維新が潜在的に秘めていた可能性への高い評価に驚かされる。

（16）「明治維新百年祭・感想と提案」（初出『思想の科学』一九六一年一一月号、特集「明治維新の再検討」）。
政府関係者が竹内の提唱に注目したのは、案外このあたりの認識が共有されたからかもしれない。ちなみに、宮本司の前掲論文は竹内に言及した政府側の文章が「状況を正しく説明してはいない」と批判する。なぜなら、竹内を「明治百年祭」提案の嚆矢と位置づけながら、準備会議の委員に委嘱もしなければ、準備会議の過程で竹内に何の言及もしていないからだと。筆者のような同時代人（年寄りということだ）には仰天の発言である。六〇年安保の強行採決に反対して都立大学を辞職した竹内が、一九六八年に政府の準備委員会に招請される？　もしあったとしたら面白かろうが、現実にはジョークだ。何かの皮肉だとしたらレトリックが高度すぎて筆者にはわからない。この話のポイントは、そんなことなどありえない関係の両者に、何事かが共有されていたかもしれないという点にある。その共有が、同床異夢だったとしてもである。

（17）「六〇年代・五年目の中間報告」（初出『週刊読書人』一九六五年一月一一日付）。

（18）竹内の用語法では後進国革命、後進国の近代化とほとんど同義である。

（19）前掲「六〇年代・五年目の中間報告」。ここで竹内が植民地革命に対する日本人の共感について、「それを動員することなしには過去に軍国主義と侵略戦争を遂行できなかったほどである」と述べているのは、竹内の思考方法をよく物語って興味深いものがある。

（20）以下、藤田の引用については『藤田省三セレクション』の頁数を本文中に示す。

（21）　このような浪士が自発的浪人であり、忠誠の対象を探し回っているような浪人は精神構造において伝統的なルンペン的浪人に属するという藤田の思考方法は、構造としては丸山（一九六〇）の反復である。忠誠が転じて反逆になるというプロセスのなかに、既成の集団の価値観や原理からの意識的な離脱という側面が働いているとする丸山の分析は、「作為」を価値的な優位に置くという意味で、きわめて規範的な歴史観である。

参考文献

有馬学『帝国の昭和』講談社学術文庫、二〇一〇年
石光真人編著『ある明治人の記録　会津人柴五郎の手記』中公新書、一九七一年
桑原武夫『桑原武夫全集』第五巻、朝日新聞社、一九六九年
竹内好『竹内好全集』第五・八・九巻、筑摩書房、一九八〇～一九八一年
中村隆英『昭和史Ⅱ』東洋経済新報社、一九九三年
藤田省三『維新の精神』みすず書房、一九六七年（初出『みすず』一九六五年三、五月号、一九六六年七月号、のち市村弘正編『藤田省三セレクション』平凡社、二〇一〇年に収録）
丸山眞男「忠誠と反逆」『近代日本思想史講座』第六巻、筑摩書房、一九六〇年
宮本司「明治百年祭の過程――一九六〇年代における日本戦後思想史考察の一ケーススタディとして」『明治大学人文科学研究所紀要』第八二冊、二〇一八年三月
宮本司「竹内好と『明治一五〇年』」『現代思想』四六―九、二〇一八年六月臨時増刊「総特集明治維新の光と影　一五〇年目の問い」
山口輝臣「どうして明治史なのか？」、山口輝臣編『はじめての明治史　東大駒場連続講義』ちくまプリマー新書、二〇一八年

第Ⅱ部　連鎖する革命

第4章　清末中国の政治改革と明治維新

郭　連友

はじめに

明治維新は世界史の大事件である。日本は明治維新によって統一された近代国家を構築し、アジアでいち早く近代化を成し遂げた。二〇一八年は明治維新一五〇周年という節目の年であり、様々な角度から明治維新の持つ意義を深く検討するきっかけが与えられている。

明治維新は単に日本を「一新」させたのみならず、東アジア、とりわけ清末中国の改革にも多大な影響を及ぼした。清末中国の一八九八年に起きた「戊戌の変法」(別称「戊戌維新」、「百日維新」とも呼ばれる)はまさに明治維新をモデルにした政治改革の試みであった。

さて、清末の改革者たちは中国の政治改革を構想する際、明治維新のどういうところに関心を持ち、またどのように明治維新を見ていたのか、彼らは明治維新から何を学び、それを清末中国の政治改革にどう生かしたのか、言い換えれば、彼らの考案した明治維新モデルは清末中国の改革にどんな意味があったのかを考えるのが本章の問題関心である。

　本章では、清末の外交家・改革者である黄遵憲、戊戌の変法の指導者・思想家である康有為、彼の弟子で改革運動家の梁啓超を中心に、彼らが「尊王攘夷」運動や幕末志士から何を学び、また、戊戌の変法期前後の改革の実践とどう関わったかを考察することによって、清末の政治改革と明治維新との関わりを明らかにする。

一　黄遵憲の明治維新観

　清末の中国には、中国の政治改革の手本とする狙いで明治維新を精力的に紹介し、清末の政治改革で大きな影響力を発揮した改革者である黄遵憲（一八四八～一九〇五年）がいた。

　黄遵憲は一八七七（明治一〇）年、二九歳の年に駐日参事官に任命され、中国最初の駐日公使何如璋に随行し、日本で四年あまり勤務した。その後一八八二年にサンフランシスコ総領事、駐イギリス参事官、シンガポール総領事などを歴任、一八九四年に帰国し、一八九六年、上海で梁啓超らと維新派の新聞『時務報』を創刊、変法維新思想を宣伝した。一八九七年、黄遵憲は湖南省長宝塩法道という役兼按察使（司法・治安）に任命され、湖南省で陳宝箴の湖南新政を補佐した。同年、湖南省で「時務学堂」を開設し、梁啓超、譚嗣同、唐才常を招いて教鞭をとらせた。戊戌の変法が失敗後、黄遵憲は首謀者の康有為や梁啓超を自宅に隠していると疑われたが、無実であったためふるさとへ帰ることを許された。晩年まで梁啓超と書簡のやりとりなどで、自分の政治理想などを述べた。一九〇五年、五八歳で他界した。

黄遵憲の代表作に『日本雑事詩』と『日本国志』などがある。『日本雑事詩』は黄遵憲が参事官として日本に赴任して二年目の一八七九年に日本で初版が発行され、一八九〇（光緒一六）年改訂本〔定本〕が刊行された。七言絶句の形で、明治日本の社会、文化、歴史、風習などを詠った詩集で、後の『日本国志』の準備作にあたる性質の著作である。明治維新およびその後の明治日本の諸改革やそれによってもたらされた社会の変化などを詠う詩句は『日本雑事詩』初版本に収められた一五四首の詩のうち、ほぼ三分の一を占めており、黄遵憲の明治維新への強い関心とそれを中国に紹介しようとする願望をはっきりと見ることができる。

『日本国志』は一八八七年に完成したが、一八九五年、日清戦争の最中に日本への関心が高まるにつれ、ようやく刊行された。詩句の形を取った『日本雑事詩』と違い、『日本国志』は「志書」の手法で、幅広く日本の歴史、政治、法律、制度、経済、軍事、文化、風習、物産などについて全面的に紹介・研究したものであり、近代中国の日本研究の白眉とされている。『日本国志』は「国統志」（三巻）、「隣交志」（五巻）、「天文志」（一巻）、「地理志」（三巻）、「職官志」（二巻）、「食貨志」（六巻）、「兵志」（六巻）、「刑法志」（五巻）、「学術志」（二巻）、「礼俗志」（四巻）、「物産志」（二巻）、「工芸志」（一巻）の一二志、合計四〇巻から構成され、所々に黄遵憲の細かい注釈も施されている。さらに「外史氏曰く」という形で黄遵憲の論説や主張が述べられ、中国改革に対する数多くの施策や改革案が記されている。黄遵憲は自らこの『日本国志』を「明治維新史」と称し、その自序に「日本は変法以来、古い物事を改め、旧日の政令は百に一も存せず。今撰録するところは皆今を詳らかにし、古い物事を簡略にし、近きを詳らかにし遠きを略すものである。凡そ西法に関連するものは、尤も詳備を加え、適用を期する」(『日本国志』凡例、『黄遵憲全集』下、第六編「専著」八二一～八二二頁)と記し、日本の明治維新の紹介を通じて、中国の改革に模範を提供する狙いを表明している。

『日本国志』は戊戌の変法発生前から康有為をはじめ清末の改革者たちに広く読まれていた。康有為は黄遵憲が駐日外交官として「日本の維新掌故の書を読み、中外政変の学芸を考察し、『日本国志』を著し、政治に得るところ深く浩し」(『人境廬詩草』序、『黄遵憲全集』上、第一編「詩詞」六七頁)と記し、その政治改革における『日本国志』の価値を高く評価している。それだけでなく、康有為の変法論にも『日本国志』の強い影響が確認できる。さらに『日本国志』は戊戌の変法の最中に光緒帝に献上され、戊戌の変法で多大な影響力を発揮したのである。

黄遵憲は日本の明治維新の紹介で「尊王攘夷」、大政奉還をはじめ、その後の明治近代国家の改革諸措置、例えば、廃藩置県、租税改革、議院制度、自由民権、学制、兵制、刑法、殖産興業、文明開化など様々な事項に触れたが、特に「尊王攘夷」や「倒幕」における幕末志士の行動、維新実現のために果たした役割に多大な関心を寄せ、大きく取り上げ、細かく記述した。

『日本国志』「国統志巻三」に次の一節がある。

外舶は騒擾して、幕府は和を唱え、諸藩の志士は機に乗じて起こった。幕府はなお権威を強め、捜査や禁錮をなしたが、人心はかえって憤りを増し、士気もさらに高まり、斧鉞に付し、密網に触れたものは数え切れないほどいるが、前者が殺されると、後者が蹶起し、尊王攘夷の説を天下に広げようとした。何にも顧みず、生死をも度外視するに至って、なんぞ烈しいものか。幕府は治めようとすればするほど混乱するので、権威は日に日に失墜し、薩長肥土諸藩も幕府の疲弊に乗じて起こった。諸藩の志士はまた密かに公卿と組んで、諸藩と結束し、幕府打倒を目指した。（中略）幕府の滅亡を論ずれば、実際は処士によって亡ぼされた。（中略）独り浮浪の処士、書史を渉猟し、志気があり、自らの身家を顧みるところがなかった。奮然と一決し、幕府と敵対した。（中略）結局幕府は滅びた。前の攘夷の意図するところは攘夷にあらず、幕府打倒にある。後の尊王の意図するところも尊王にあらず、幕府を覆すにある。（『黄遵憲全集』下、第六編「専著」九二七頁）

ここで、幕府の西洋列強と和親条約の締結が「尊王攘夷」運動の直接の導火線となり、幕府の対応に不満を持った志士たちが立ち上がり、「安政の大獄」にも屈せず、雄藩と連合して幕府を倒したと述べられている。つまり、幕府を滅ぼしたのはほかでもなく、地位の低い、志のある浮浪の処士によるものだと捉え、指摘している。

「尊王攘夷」運動について、黄遵憲は幕末の維新の直接的起因を指摘すると同時に、江戸時代からの尊王の思想的源流を、徳川光圀《みつくに》の『大日本史』編纂、楠木正成、山県大弐《だいに》、高山正之、蒲生君平などの尊王家の事跡、岩垣東園《とうえん》の『国史略』、頼山陽の『日本政記』、『日本外史』などに求めていた。さらに、「幕府を覆し、明治中興の偉業を収めたのは、皆『春秋』尊攘の説がこれを駆り立てた」（『春秋大義』序、『黄遵憲全集』上、第二編「文録」二六四頁）と指摘し、中国の歴史書、五経の一つである『春秋』にも求めたのである。『春秋』が「尊王攘夷」の思想的源流だという指摘から、明治初期の日本が西洋化を進めると共に、漢学が衰微していったことを懸念し、中国の漢学は明治維新に思想的貢献があった、重視すべきだという黄遵憲の思惑が読み取れる。

黄遵憲は詩集『人境廬詩草』「近世愛国志士歌」でさらに「尊王攘夷」論者のうち、山県大弐、高山正之、蒲生君平、吉田松陰、僧月照などの一二人を取り上げ、詩句の形で彼らの愛国行為を讃えた。幕末の「尊王倒幕」の革命家吉田松陰について、「丈夫、四方の志、胡ぞ乃ち檻車に死なん。もし七生の願いを遂げようとすれば、君　支那に生まるることを祝う。」（『黄遵憲全集』上、第一編「詩詞」一〇〇頁）と詠じ、中国にも松陰のような革命志士の誕生を強く望んだ。

黄遵憲が「尊王攘夷」志士たちの勇ましい行動を讃えるのは「以て吾が党の愛国の士を興起せん」とするためであった。それは『日本国志』著述の狙い、すなわち中国への適用と相通ずるものであった。

黄遵憲のかかる「尊王攘夷」や処士の倒幕における役割についての叙述は、幕末に出版された書物、例えば近藤瓶城《へいじょう》『続日本政記』や岡千仭《せんじん》『尊攘記事』など幕末の漢文史書に依拠していると佐々木揚氏が指摘する通りであるが、吉田松陰の事績の紹介においては、『尊攘記事』の記述に依拠するほかに、吉田松陰原著、品川弥二郎編『幽室文稿』やペリー『彼理日本紀行』などを参考にしたことも考えられる。

黄遵憲による幕末の歴史、「尊王攘夷」運動、志士たちの愛国的行動についての紹介は、後に中国の改良派たちに影響を及ぼし、彼らのボトムアップの変法路線や行動に模範を提示し、改革を進める勇気と自信を与えた。

「尊王攘夷」運動のほかに、黄遵憲は『日本雑事詩』や『日本国志』で明治維新と近代国家の取り組みや成果などについても詳しく紹介している。例えば、明治維新後の官制の改革、三職制の廃止、太政官制度の成立、集議院など初期議院制度の確立、左院右院制度、太政官制下における元老院（立法機関）、大審院（司法機関）、参事院（制度紀章作成）の設立、内務省、大蔵省、海・陸軍省、文部省、農商務省、工部省、司法省など行政部門の設置、自由民権運動などについても詳しく考察・紹介し、明治時代改革の全体像を中国に提示した。この明治維新の全体像は後の康有為、梁啓超らの明治維新認識や日本をモデルにした戊戌の変法の方向性を左右したのである。

黄遵憲自身もその後戊戌の変法運動に自ら参加し、湖南省で積極的に新政の実行を推進したり、『日本国志』で紹介した日本の近代的警察制度に倣って保衛局を設置したり、地方自治に大いに貢献したことはよく知られている。また、戊戌の変法の指導者康有為と面会し（一八九五年）、改革思想について語り合い、一八九六年に上海で梁啓超らと維新派の新聞『時務報』を創刊し、変法思想を宣伝した。さらに時務学堂を開設して、梁啓超らを主筆として招き、梁啓超は改良思想のみならず、満洲人政権たる清を打倒する排満革命思想も教えた。これらの黄遵憲の改革の実践から、幕末志士や明治維新の影響が読み取れる。

二　康有為の明治維新観

周知のように、戊戌の変法運動の最大の起因は日清戦争における中国の敗北であった。一八九四年六月に勃発した日清戦争は一八九五年四月「下関条約」の締結によって終結した。清政府は軍費二億テール（両）の賠償金の支払い、遼東半島・台湾・澎湖諸島の割譲、沙市・重慶・蘇州・杭州を交易市場とする、などの莫大な対価によって、ようやく日本と講和した。これまで、アヘン戦争で敗北を経験した清政府は、「夷の長技を以って夷を制する」（魏源）という洋務論に導かれて、莫大な軍費を投下し、外国製の軍艦や大砲を装備した。ところが、日清戦争で清は再度敗北し、中国の知識人に大きなショックを与えた。彼らは、西洋の軍事や科学技術面のみならず、政治制度まで導入した日本の成果を目の当たりにし、今までの洋務派の持論、すなわち現存の政治制度を維持しながら、西洋の技術のみを導入する「中体西用」の発想の不徹底性を反省するに至った。知識人たちは既存の法制度および政治などを改革しなければ、中国は分割され、国が滅びると強く危機意識を持つようになったのである。

この改革運動の先頭に立って、実際に思想上この運動を指導した人物に康有為がいた。康有為の変法思想の形成の理解に資するため、「万木草堂」から戊戌の変法運動期までの活動を簡単に要約しておく。

一八七四年、康有為は初めて徐継畲『瀛環《えいかん》志略』の「地球図」に触れ、世界情勢に開眼する。一八七九年初めて香港遊歴、西洋人の都市管理に感銘し、洋学書を購読し始める。一八八二年、北京で郷試に落第、帰途に上海を経由し、「益々西人の治術に本あることを知」り（「我史」『康有為全集』第五集、六二頁）、洋学書を大量に購入し、その後大いに洋学を講ずるようになった。一八八二年一二月、清の皇帝へ初めて上書し、変法を主張したが皇帝に届けられなかった。そして、一八九一年、広州の長興里で万木草堂を開き、「托古改制」を鼓吹し、代表作『新学偽経考』を刊行する。一八九二年、代表作『孔子改制考』の編纂が始まる。一八九五年、中国が日清戦争で敗戦した後、光緒帝に『公車上書』を提出し、「拒和、遷都、練兵、変法」を建白する。「富国、養民、教士、練兵」を主張、提案した三回目の上書が光緒帝に届けられ、光緒帝から賞賛される。一八九六年、明治維新をモデルにした『日本明治変政考』を執筆、編纂する。一八九七年『日本書目志』成立。一八九八年六月、光緒帝が「定国是詔」を下し、変法を決意し、戊戌の変法（百日維新）が始まる。八月、維新は失敗し、康有為は海外へ亡命する。

そもそも万木草堂が開かれたのは一八九一年のことであり、一八九四年に清政府に一時閉鎖されたがまた再開し、一八九八年に戊戌の変法の失敗で閉鎖されるまで約八年間教育活動が続いた。康有為は「気節を激励し、精神を発揚し、広く知恵を求める」（梁啓超「康南海先生伝」『康有為全集』第一二集、四二四頁）ことを万木草堂の教育方針と定め、「立志」を第一義としていた。康有為は万木草堂で「托古改制」の変法主張を鼓吹し、中国の伝統思想のみならず世界各国の歴史、西洋の近代思想、日本の明治維新の改革思想、革命思想などを教えていた。

では、万木草堂で康有為は明治維新のどういうところに関心を示したのであろうか？　戊戌の政変後に余儀なく日本に亡命した康有為の弟子梁啓超が、当時亡命者を保護した内務大臣品川弥二郎宛の書簡に次のことを記している。

啓超はかつて震旦〔中国〕[1]において、南海康先生〔康有為〕の門に遊んだ者でございます。南海の教育ですが、およそ自分の塾〔万木草堂〕に入った者には、必ず『幽室文稿』を授けて次のようにおっしゃいました。「いささかでも意気消沈するようなことがあったら、必ずこの書を読むように。暮鼓晨鐘〔朝夕の寺の鐘〕より修養に役立つ」と。（「梁啓超上品川弥二郎子爵書」『民報』第二四号、『梁啓超年譜長編』第一巻、二七七頁）

この書簡から、康有為は万木草堂で日本幕末維新の代表的革命家・志士である吉田松陰の著作『幽室文稿』を必読書として指定し、弟子たちに教えたことが分かる。

『幽室文稿』（吉田松陰原著、品川弥二郎編、一八八〇（明治一三）年刊）は、一八五八（安政五）年一月から翌年五月の間に作られた吉田松陰の文章、書簡、詩歌などを集めたものである。一八五八年は日米修好通商条約の締結、幕府の「違勅調印」などの事件が相次いで起こり、松陰の発言がますますラジカルになり、老中間部詮勝《まなべあきかつ》要撃などを企て、再入獄された年であり、一八五九年は藩主の参勤を止めるために伏見要駕策を計画し、倒幕を企てたが果たせず、ついに東送の命が下り、半年後処刑された年である。この文稿は幕末の革命家松陰の晩年の思想を知るのに最も重要な書物であり、また、徳富蘇峰の「革命家松陰像」の成立の根拠でもあったとされている。

万木草堂での教育内容について、康有為と親交のあった宮崎滔天《とうてん》（一八四一～一九二二年）も、康有為が弟子たちにアメリカやフランスの自由共和の政体を教えたり、ワシントンを自らの理想的人物としたりしただけでなく、さらに吉田松陰の継承者と自認し、『日本変法由遊侠義憤考』という書物を弟子たちに授け、弟子たちの改革の士気を鼓舞したりしたことを記している。このことは、康有為の変法路線にはボトムアップの改革構想もあったことを物語っている。

『日本変法由遊侠義憤考』とはいかなる書なのか。この書は康有為の長女康同薇が編纂し、戊戌の変法が始まる直前の一八九八年春、大同印書局より刊行されたものである。書の序文に記された、康有為が長女康同薇に命じて編纂させた旨、そして所々に「按語」のかたちで施された康有為のコメントなどから、この書は康有為の意志で編纂されたことが明らかである。

同書の序文で康有為は本書編纂の狙いを次のように記している。

日本は将軍が政権をとって千年あまり、処士浪子が発憤して政を変じ、熱血涕涙を灑《した》たり、心肝腎腸を剖り以って幕府と玉砕を争った。（中略）大獄が数多く起こったが、雄心が衰えることなく、卒に雄藩を鼓舞し、王室を扶助し、武門を除去し、大政を変え、（中略）維新の治を成すに至った。（中略）日本義侠の発憤の事跡を集めてもらい、その維新強盛の原因を著し、我が士大夫に告げようとしてい

る。（『日本変法由遊侠義憤考』序文、二頁）

ここで康有為は、幕府の西洋列強との不平等条約の調印に大きな屈辱と憤慨を覚えた幕末の志士たちによる「尊王攘夷」「尊王倒幕」運動を評価、賞賛し、それが明治維新成功の最大の要因だと認識する。同時に、「維新強盛の原因」を中国の知識人たちに告げ、その変法改革の志を喚起しようとしたのである。

さらに、「尊王攘夷」の性格について、同書の按語で康有為が次のように述べている。

当時攘夷の論は、要するにその帰するところは攘夷にあらず、尊王にあり、尊王は幕府を滅ぼすためである。王室が尊ばれ、幕府が滅ぼされ、終に夷狄の払えないことを知り、決然として方針を変え、力を入れて維新を図り、外交を大いに開き、外国があえて日本を侵略することができず、今日に至っている。のみならず、恐れてまともに日本を見ることもできなくなった。ああ、このように独立の速効が収められたのは日本全国の処士の心を一つにして、義に任じたことにより玉成したものである。

（『日本変法由遊侠義憤考』二八頁）

このように、攘夷の目的は尊王にあり、尊王の目的は倒幕にあること、また、維新により速やかに独立国家が樹立できたのは全国処士の合意と義憤によるものだと指摘している。

さらに、「尊王攘夷」の源流について、『日本変法由遊侠義憤考』で「徳川幕府は詩書の沢を以て、兵戈の気を消したが、幕末外患が起こり、春秋尊王の説により亡ぼされる。」（二八頁）と記し、中国の『春秋』に遡っている。

『日本変法由遊侠義憤考』で示された康有為の「尊王攘夷」やその源流についての捉え方は明らかに黄遵憲の『日本国志』、『日本雑事詩』および『人境盧詩草』に依拠しており、黄遵憲の強い影響が見られる。

上記のように黄遵憲の影響があるものの、幕末における孝明天皇の評価については、康有為は黄遵憲と明らかに違う見解を示した。

黄遵憲は『日本国志』「国統志巻三」で孝明天皇について次のように描いている。

孝明が在位したころ、外国人がしきりに通商をこいねがい、脅迫が日増しに盛んになり、国を挙げて囂然《ごうぜん》として攘夷の説を唱える。苟もある人に異議があれば奸党とみなされる。幕府は最初はこれを拒んだが、続いてその勢力の敵わないことを詳らかにし、攘夷の意思はついに変わった。孝明は最初は攘夷することを決めたが、末年にその非を悟り、勅旨に亦た前言を否定するところがあった。しかし、二、三の強藩巨室が浪士憤激の勢い、王覇離間の隙に乗じて、初めて朝議を借りて、人心に順応し、続いて士気を以て幕府を亡ぼした。（『黄遵憲全集』下、第六編「専著」九二〇頁）

つまり、攘夷と倒幕は志士や雄藩によるものであったこと、また、孝明天皇は攘夷を望んだが、思想的に動揺が見られることを指摘している。実は、尊攘運動において孝明天皇は尊攘派志士らの過激な倒幕運動に対してずっと反対の立場をとっていたのである。黄遵憲のかかる孝明天皇理解はむしろ史実に近い。

ところが、康有為は『日本変法由遊侠義憤考』の按語で、志士たちが幕府に禁錮された際に孝明天皇がしばしば詔書を下したり、志士を釈放したりするなど、孝明天皇が雄藩や志士たちの頼りになる存在であり、倒幕行為も志士たちへの孝明天皇のご意向によるものだとしている。「その意を授け、権を与えることがなければ、浮浪の輩は豈に敢えて幕府と仇を成すこと、斯のごとく甚だしきや。」（『日本変法由遊侠義憤考』九頁）と書いた。幕末志士の革命的行動や精神を自らの改革の手本としながら、同時に、明治維新を達成したのは幕末志士たちのみならず、孝明天皇が陰で志士たちや雄藩を庇護したり、励ましたりしたことにもよるとして、天皇の「倒幕」における役割を史実とは食い違い、過大に強調したのである。

それと関連して、『日本明治変政考』では幕末の孝明天皇や明治天皇が絶対的権力を有する「君」として描かれ、その役割を過大評価する箇所も見られる。例えば、明治三年八月十日の条の按語で幕末志士の愛国行為に触れ、「志士は皆禁錮されたが、孝明天皇は詔書を下し、志士を釈放させ、自ら志士を召して会見し、温かく諭し、優しく受け入れ、その開新尊王の士に頼ることはいうまでもない。権を授けなければ、意を与えなければ、遊士はどうしてこれだけ甚だしく旧幕と仇を為すことがあろうか。彼らを厚くもてなし、深く切望することがなければ、どうして天下の士が争って感激し命をかけて、奮って身を顧みることがあるだろうか。（中略）けれど、日本の士気の強さ、命をかけて国に殉じて新きを開くことができたのは、皆孝明天皇が協調し、護持した賜物である。故に日本が自ら強くなって、中興できたのには、孝明天皇の功績が最も偉大である。」（『日本明治変政考』巻二、『康有為全集』第四集、一四二頁）と記し、幕末における志士たちの役割よりも孝明天皇の役割のほうがより大きいことを主張したのである。

このことから、変法運動の準備段階において、康有為のボトムアップの変法路線と同時に、改革の意志を露呈した光緒帝を意識して、君権による変法、すなわちトップダウンの変法を望んだこと、自らの改革思想を主張するために、あえて孝明天皇の倒幕運動における役割を過大評価したり、史実を無視したりしたことなど康有為独特の主観的明治維新観が読み取れる。

しかし後には、康有為の主観的明治維新観よりも、むしろ黄遵憲以来の適確な明治維新観と康有為のボトムアップの改革構想の方が、弟子の梁啓超によって継承され、広められたのである。

三　梁啓超の明治維新観

上に述べたように、一八九七年、梁啓超は黄遵憲に招聘され時務学堂の講師として赴任する。その直前に彼は「記東俠」（一八九七年）という文章を書いた。そこに「日本は西洋列強と和親条約締結ということが起き、一、二の俠者、国恥に激しく憤慨し、大義を唱え、以って天下に呼びかけた。それがきっかけで志士たちが一斉に立ち上がって戦い、瞬く間に、遂に今日あるにいたる」（『飲氷室文集』二、三〇頁）とある。また、時務学堂の学生の宿題の評語に「日本は自ら強くなるのは、そのはじめ、皆一、二の藩士の慷慨激昂によるもので、義憤を以て天下に号召し、天下がこれに応じ、皆俠者の力である。中国にはこのような人がいない、どうしたらよいか。」（「湖南時務学堂課芸批」『戊戌変法』（二）、五四九頁）と記し、明治維新の成功は、俠者、すなわち志士の革命精神の賜物で、中国の改革にもそのような精神が不可欠だと主張する。明治維新は幕末志士たちの義憤によるものだという、黄遵憲以来の明治維新論説を展開する。

さらに、彼が時務学堂で講学期間中に書いた「南学会の叙」（一八八九年正月）に

私は日本幕末のことを聞いたが、土地を所有している諸侯が数十あり、しかもその士気が横溢し、熱血が奮発し、風気がすでに形成し、日本列島に浸透した。今の中国は広く、長年弊害が山積し、一旦聯合しようとしても、それは容易にできないことを知っている。もし日本に起きたことのように、先ずいくつかの省から立ち上がり、この数省の風気が形成され、ある程度の規模になったら、その他の省に影響を及ぼしたらよい。（『飲氷室文集』二、六六頁）

と記されている。上に見られるように、彼は時務学堂で幕末志士たちの事跡を教育の内容とし、それらを手本にしながら、青年学生たちに刺激を与え、彼らの改革の志を奮い立たせたのであった。しかも、湖南省が日本の薩長土肥の四つの雄藩のように全国で率先して独立するよう、あえて革命による改革を呼びかけた。

それだけではない。時務学堂の教育活動を調べると、梁啓超が反満革命を唱えたことが分かる。康有為の弟子狄楚青（名は葆賢）は自ら書いた『任公先生事略』で、梁啓超が時務学堂に赴任する前に、その教育方針について康有為をはじめ、同人たちと議論したことがあったことを記した。

任公（梁啓超）は丁酉の年の冬月（十月）、湖南時務学堂に赴任しようとした頃、同人たちと〔教育の〕進め方の宗旨〔主義〕について話し合った。第一は漸進法、第二は急進法、第三は立憲を本位とすること、第四は徹底改革によって民智を開き、種族革命を本位とすること、である。当時、任公は第二、第四の二つの主義を極力主張した。折しも任公が湖南に赴こうとしているのを知って、南海（康有為）も上海にやって来て教育の方針を話し合った。南海は数日沈吟したが、宗旨については彼も異議を挟まなかった。（『梁啓超年譜長編』第一巻、一五八頁）

とあるように、時務学堂で、梁啓超が急進的な教育方針を取り、教育内容として「種族革命」、つまり反満革命をも盛り込んだ。そのことに対して、康有為は反対せず、むしろ黙認していた。梁啓超が『清代学術概論』で振り返った時務学堂の教育風景や教育内容がさらにこの点を明らかにしている。

啓超が毎日講堂に四時間いるが、夜は諸生の筆記を添削し、質疑に回答する。一条に時には千言以上のコメントを書き、往々にして徹夜して寝むることができなかった。講義していたのは皆当時の民楽

（権）論で、又た多く清代の歴史事実に触れ、失政を述べ、革命を唱えた。（中略）そのうえ、ひそかに『明夷待訪録』『陽州十日記』などの書物を印刷し、それに按語をつけ、秘密裏に頒布して革命思想を宣伝した。（『飲氷室専集』三四、六二頁）

ここに見られるように、梁啓超は時務学堂で日本の幕末志士たちの革命精神や雄藩の幕藩体制に対する造反の歴史事実について紹介し、また、清朝の失政に対する暴露と批判を行った。時務学堂の学生たちはそれにより大きく鼓舞され、改革の意志が一層固められたと考えられる。

戊戌の変法失敗後、余儀なく日本に亡命した後、孫文の影響などにより、梁啓超の思想には大きな変化があった。彼は戊戌の変法運動期間中に持っていた君権によるトップダウンの改革路線を変更し、戊戌の変法を潰した西太后をはじめとする清政府を攻撃する、いわゆる反満革命を再び唱えるようになる。このことについて、革命組織「興中会」に入り、孫文に追随した馮自由（一八八二〜一九五八年）が次のことを記している。

康有為が日本を離れてアメリカに赴いた後、己亥（一八九九年）の夏から秋にかけて、梁啓超は孫中山（孫文）と密接に行き来するようになり、しだいに革命に賛成するようになった。その同学の韓文挙、欧榘甲、張智若、梁子剛らは、特に激しい主張を繰り広げた。そこで、孫、康両派の合流計画が浮上した。（下略）（『梁啓超年譜長編』第一巻、三〇一頁）

しかし、その後、康有為の反対で合流は実現できなかった。一九〇三年まで、中国の改良派の中で革命か改良かをめぐって、激しい対立があったのである。一時、革命に傾倒した梁啓超は康有為への書簡にこう記している。

民主、排満、保教などの義に至っては、口で説明するのが本当に難しい点があります。今は先生の戒めに面従したとしても、将来、弟子はきっとそれを実行できないでしょう。それゆえ、胸の内を隠さず申し上げたほうがよろしいかと存じます。今日は民族主義が最も発達した時代であり、この精神を持たなければ、決して国を立てることはできません。弟子は舌を焦がし筆先をすり減らすまでこれを唱えようと誓っており、決して放棄することはできません。しかるに、民族精神を喚起しようとすれば、勢い満洲（清朝）を攻撃せざるを得ないのです。日本にとって「討幕」は最もふさわしい主義でした。中国にとっては「討満」は最もふさわしい主義なのです。弟子が見るところ、これは変えようがありません。満洲の朝廷はすでに長らく人望を失っております。（中略）先生は破壊を恐れておいでです。弟子も当初からそれを危惧していないわけではありません。しかし、破壊は畢竟免れようもありませんし、遅くなればなるほど悲惨な結果を招きますから、早いに越したことはないと考えます。
（「夫子大人宛ての書簡」一九〇二年四月、『梁啓超年譜長編』第二巻、一五一頁）

注目すべきは、梁啓超が革命思想を唱える際、その根拠として、西洋の近代思想はもとより、幕末日本の志士たちの革命思想も数多く取り入れたことである。彼はとりわけ幕末の思想家、革命家吉田松陰を好み、吉田松陰と高杉晋作になぞらえて、自らの名前を「吉田晋」と名付けた。また、彼の最もラジカルな論文には松陰の『幽室文稿』からの引用が数多く見られる。さらにその後、彼は自ら『幽室文稿』を中国語に抄訳し、『松陰文鈔』という書名で中国で刊行した（郭二〇〇二）。

康有為も戊戌の政変後、日本に亡命した。来日後、品川弥二郎宛の書簡に「幽室文稿を読むたびに、未だ嘗て発憤して流涕せざるはなし、その人となりを想像するなり。」（「康有為初與品川子爵書」『民報』第二四号、『康有為政論集』上冊、三八九頁）と記した。翌年品川が『幽室文稿』を康有為に贈呈し、康有為を「中国の松陰」だと称して、彼の変法活動を高く評価したのに対して、康有為は「日本内務大臣品川子爵以吉田松陰先生幽室文稿及先生墨跡見贈題之」という題で詩を賦し、明治維新を「千年大革命」と称しながら、「我れ　今遺書を読み、正気　千春を照す。一たび読めば　恥じて恐れ、再び読めば　その気概の気高さに感服す。諸夏に士無きことを愧じ、東の国　斯文存す。」（同上、三八九頁）と、『幽室文稿』を再読した感想を述べ、中国の改革に松陰のような志士が必要であったが、いなかったことが恥だ、という感慨を述べている。

戊戌の変法後も、康有為が変わらず吉田松陰に対して尊敬の念を持っていたことは間違いないが、ただ、幕藩体制を全面否定する松陰の革命思想そのものをその後の彼の改革路線に活かすことはできなかった。一方、梁啓超は、一八九九年から孫文の影響で革命に賛同するようになり、孫文をはじめとする革命派との合流も検討したが、康有為の反対で実現できなかった。しかし、梁啓超はその後あえて康有為の改良路線と対立し、一九〇三年まで盛んに民族（反満）革命を唱えていた。

一九〇三年正月から一〇月まで、梁啓超はアメリカの各地を訪問し、アメリカの政治制度などを視察した。一九〇三年一〇月に日本に戻ってから、彼の政治的立場ががらりと変わり、今まで持っていた「破壊主義」と「革命排満」思想を放棄し、立憲君主制の改革路線を再び唱えるようになった。その思想変化の背景や理由について、彼は次のように振り返った。

壬寅〔光緒二九年（一九〇二年）〕の秋、〔『新民叢報』〕と並行して『新小説』報というものを始め、もっぱら革命を鼓吹しようとした。私の感情の激昂はあの時が最高潮であったのであります。（中略）

その後、見ておりますと、革命思想の普及につれて、留学生や中国内地の学校が、しきりに騒ぎを起こします。私がひそかに考えますに、学生が勉強するのは、国家建設の材たらんがためであります。それで、平生、破壊的学説が深く青年の脳裏に浸透することを願いませんでした。また、歯止めの無い自由平等の説が計り知れぬ弊害を醸し出すのを見て、不安に堪えませんでしたし、それに、人民の水準程度を吟味してみるに、それを向上させることは容易な業ではありません。秩序が一旦破れると、真空状態が出現して、暴民が競い起こり、革命を主張した諸氏ですら収拾に苦しむようになるでしょう。（中略）そのような考えが胸中に往来していましたので、極端な破壊はあえて主張し得なかったのであります。ですから、癸卯、甲辰〔光緒二九年、三〇年（一九〇三、四年）〕以後の『新民叢報』は、もっぱら政治革命のみを言って、もはや種族革命は言わない。具体的に申しますと、国体に関しては現状維持を主張しつつ、政体に対しては一つの理想を高く掲げて、あくまでも到達しようとしたのであります。（「報界歓迎会に莅んでの演説の辞」一九一二年、『飲氷室文集』二九、三頁、『梁啓超年譜長編』第二巻、一六八～一六九頁）

思想的変化後の梁啓超の基本姿勢は国体として立憲君主制を主張するが、憲政により君主の権力の制限をも視野に入れた政治改革に自らの理想を託すようになったのである。

以上のことから、明治維新、特に幕末志士たちの思想や行動が戊戌の変法期間のみならず、その後にもその影響を及ぼしたことが分かる。

四　明治近代国家の諸施策と戊戌の変法

日本の幕末志士たちの革命精神や行動に励まされ、自信づけられた清末中国の改革者たちは、その後明治維新をモデルとした改革の諸措置や改革案を光緒帝に建議し、変法運動は頂点に達した。

戊戌の変法運動期間中、康有為は『日本明治変政考』、『日本書目誌』を光緒帝に献呈した。これらの書物は改革の青写真のように戊戌の変法に大きく役立った。特に、康有為の『日本明治変政考』は中日間の地理、文化、政治、風俗などの類似点から、西洋よりも近い日本が明治維新に成功した経験が中国にも適用でき、その諸措置を取り入れる必要性、即効性を強調した。康有為の建議した改革案は、若き光緒帝を魅了し、光緒帝の改革の決意を確固たるものにした。また、戊戌の変法期に光緒帝によって発布された「上諭」には『日本明治変政考』を参考にしたものが多く含まれており、本書で描かれた日本の明治維新や立憲君主制を達成した日本における近代国家の見取り図が中国の改革の手本になったことはしばしば指摘された通りである。

康有為は『日本明治変政考』で、①皇帝が群臣の前で国是（国の方針）を国内外に宣告する、②制度局（内閣）を開設して、憲法の制定について議論する、③民間から有能な人材を抜擢し、彼らを改革の顧問とする、④至尊の地位にある皇帝が身を低めて、下からの陳情に耳を傾ける、⑤海外に留学生を多く派遣して西洋の新しい学問を学ばせる、⑥暦と服制を改め、人々の精神を一新させる、などを光緒帝に提案し、さらに複数回の上書で、法律局・度支（財務）局・学校局・農局・商局・工局・鉱務局・鉄道局・郵信局・

会社局・海軍局・陸軍局など一二の局の設立、地方自治、一般人の上書許可などの具体的改革案を光緒帝に提案した。これらの改革案の多くはその後光緒帝の改革案の骨子となった。

一八九八年六月一一日、光緒帝が康有為の建議を受け入れ、国是を定める詔書を下し、維新法令を頒布し、戊戌の変法が実施段階に入った。戊戌の変法期間中、光緒帝から一八〇件以上の上諭、改革施策が頒布された。その内容は、①政治面における、法令の改正、冗員の削減、業務のない官庁の撤廃、進言の開禁、官民上書の提唱など、②文化教育面における、人材選抜試験方法の改正、京師大学堂（北京大学の前身）の開設、西洋学教育を兼ねる学校の設立、訳書局・編訳局の開設、著書活動の奨励、新聞社や学会の自由開設の許可、留学生の海外派遣など、③経済面における、実業の提唱、たとえば、農工商総局・鉱務鉄道総局・農業組合や商会などの設立、鉄道の敷設、鉱産の採掘、全国郵政局の設立と同時に駅の廃止、国家銀行の創設、国家予算の作成、満洲人の特権の取り消しなど、④軍事面における、陸海軍の精練、兵器製造所の開設、海軍人材の育成など、となっている。

ただ、『日本明治変政考』において、明治政府の保守派との戦い、武士の反乱（例えば西南戦争）、自由民権運動に対する政府の鎮圧などについてはほとんど触れられなかった。このことから、明治維新の改革が明治天皇や新政府の指導者の下で、どの改革措置もいかにも秩序よく順調に遂行されたとする、康有為が意図的な取捨選択を施した明治維新イメージが読み取れる。

九月二一日、西太后がクーデターを起こし、わずか一〇三日で戊戌の変法は失敗に終わる。光緒帝が頒布した一連の改革措置のうち本格的に実施されたのはほんのわずかしかなかった。

戊戌の変法失敗の原因について、かつて先行研究では、康有為の改革は指導者層のごく一部の維新派（帝党）でのみ合意され、西太后を代表とする保守派たちの支持が得られなかったこと、康有為が頼りにした光緒帝に実権がなかったこと、また、康有為が目指す立憲君主制の改革目標が皇位確保を目指す光緒帝と食い違ったこと、改良派には武装勢力がなかったこと、封建的地主の土地制度の改革に触れなかったこと、改良派の明治維新理解が表層的で形式的なところに流れていたこと、などが指摘されている（山根一九六二）。

おわりに

戊戌の変法の失敗は、明治維新が清末中国の改革へ及ぼした影響の終焉を意味しなかった。辛亥革命の指導者、革命家である孫文にもその影響が見られるのである。

孫文は、幕末志士の明治維新での役割を次のように記している。「昔、日本維新の初め、ただ数人の志士が原動力を為すにすぎなかった。僅か三十余年で、六大強国に仲間入りした。」（「東京中国留学生歓迎大会における演説」『孫中山選集』上、七三頁）と、幕末志士が維新の原動力だと位置づけ、その歴史的役割を高く評価し、それを中国の手本にしながら、「僕は、ほかでもなく、ただ諸君が中国振興の責任を自らの肩に置くことを願うのみ」（同上）と、日本にいる留学生たちに、幕末志士に学び中国革命の重荷を自らの肩で担ぐよう、多大な期待を寄せた。さらに、幕末の志士たちによる「尊王攘夷」を中国の「扶清滅洋」の「義和団」と対比させ、ナショナリズムの立場による運動として、両者の共通性を指摘した。

さらに、孫文は幕末志士の唱えた「尊王攘夷」の根本精神を、義和団のような「民族主義」および「冒険精神」と同一視した。「日本の維新は中国革命の第一歩であり、中国革命は日本維新の第二歩である。中国革命と日本の維新とは実際同一意義のものである。」（『孫中山全集』（一一）、三六五頁）と述べたように、孫文はアジアの独立という立場から明治維新と中国革命との関連を強調し、日本をはじめ、アジア諸国の連合を主張し、そうすることによって西欧列強のアジア侵略に対抗し、また「民族」「冒険」の精神でもって中国人民の反侵略精神をかきたてようとしたのである。

明治維新は清末の改良派のみならず、革命派にも注目され、取り上げられ、手本とされていた。このことから、清末中国の政治改革において明治維新が持つ意味は深遠なるものであったと言っても過言ではないであろう。

明治維新一五〇周年にあたり、中国の学界でもシンポジウムの開催など明治維新の再考がいたるところでなされた。言うまでもなく、明治維新に対する評価は必ずしも一致するものではない。明治維新によって、近代国家を実現した明治日本に対して基本的に肯定的にとらえる評価が多いが、明治近代国家の東アジアとの関わりに対してネガティブな評価も少なくない。本章が明治維新の東アジアにおける意義を再検討する際に些か示唆となることができれば執筆者としては大変幸いに思う次第である。

注

（１）　引用文中の（　）は引用者による。〔　〕は原書の補足をそのまま引用。

参考文献

郭連友「梁啓超と吉田松陰」『季刊日本思想史』第六〇号、ぺりかん社、二〇〇二年一月

佐々木揚「黄遵憲の日本史――『日本国志』「国統志」の考察」、川勝博士記念会論集刊行会編『東方学論集』（川勝守・賢亮博士古稀記念）汲古書院、二〇一三年
丁文江・趙豊田編、島田虔次編訳『梁啓超年譜長編』（全五巻）岩波書店、二〇〇四年
山根幸夫『戊戌変法と日本――康有為の〈明治維新〉把握を中心として』、岩間徹編『変革期の社会』御茶の水書房、一九六二年
『飲氷室文集』『飲氷室専集』台湾中華書局、一九八三年
『黄遵憲全集』（全二冊）中華書局、二〇〇五年
康同薇纂『日本変法由遊侠義憤考』大同訳書局印、一八九八年
『康有為全集』（全一二冊）中国人民大学出版社、二〇〇七年
『孫中山選集』（全二冊）人民出版社、一九五六年
『孫中山全集』（全一一冊）中華書局、一九八一年
中国史学会編『戊戌変法』（中国近代史資料叢刊）上海人民出版社、一九五七年
湯志鈞編『康有為政論集』（全二冊）中華書局、一九八一年

第5章　日本・チベットの邂逅と辛亥革命
——チベット仏教圏の近代と日本仏教界

小林亮介

はじめに

一九一二年にアジアではじめて共和制を国制とする中華民国を誕生させた、辛亥革命の背景を語る上で、明治日本の存在を無視することはできないだろう。孫文を代表として革命勢力が集った中国同盟会は、一九〇五年に東京で結成されており、大陸から日本に到来していた留学生たちが革命の担い手として参画した。そこには、宮崎滔天《とうてん》や北一輝《いっき》をはじめ、孫文や宋教仁らを支援した日本人たちの姿があったことも、革命をめぐる日中間の結びつきを示す出来事として知られている。

しかし、本章が取り上げるのは、こうした中国革命家と日本の協力者たちの関係ではない。本章は、革命の主戦場にして漢人が多数を占めた中国内地ではなく、むしろその後背に広がるチベットに着目したい。

孫文ら革命勢力が打倒を目指した清朝は、ユーラシア東北に起源する満洲人の政権であり、漢地のみな

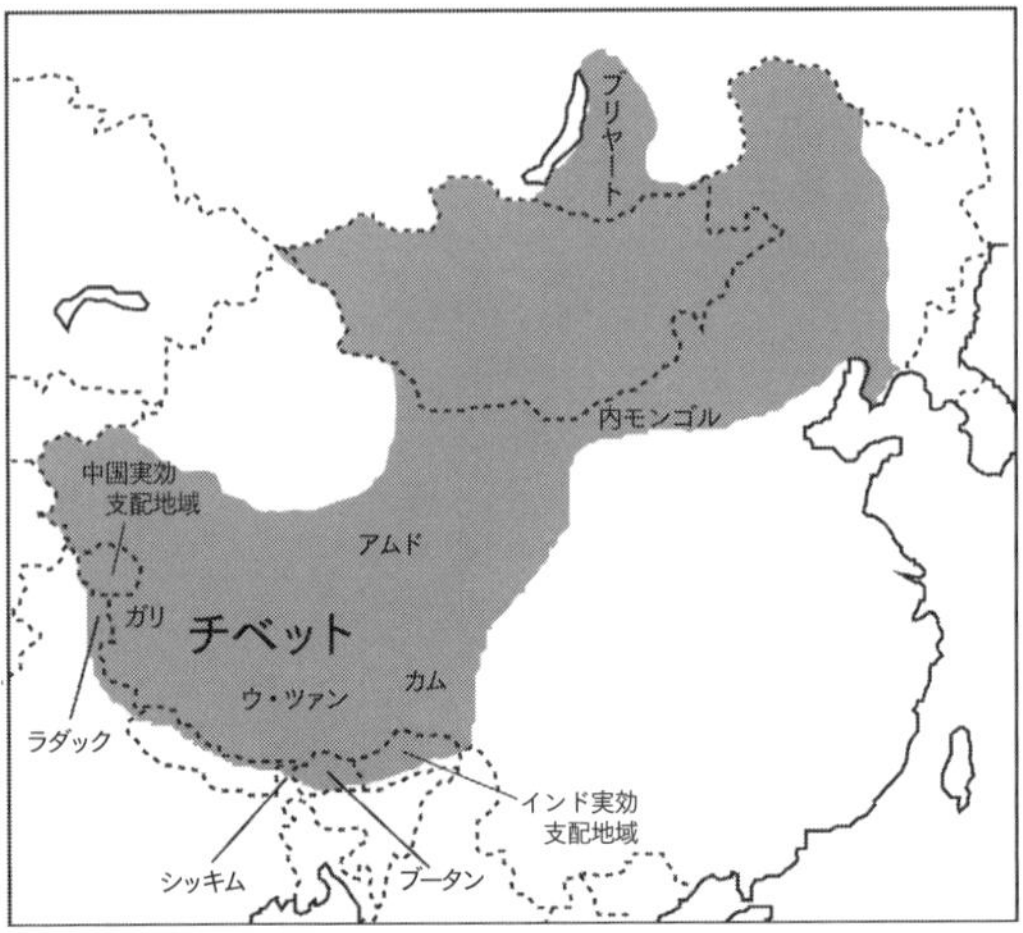

【図1】ユーラシア東部における「チベット仏教圏」の広がり
（石濱編（2004）をもとに作成）

らず、チベット・モンゴル・新疆《しんきょう》に広く勢力を及ぼした国家だった。孫文らの目標は、この満洲人を排除して漢人主体の新政権を樹立する「排満革命」であったが、これと時を同じくして、チベットはじめ内陸部の諸民族も清朝との間に矛盾を抱えるようになり、従来の関係の見直しを迫られていたのである。

ヒマラヤの北方に位置するチベットは、一見すると明治日本と関係が薄かったように見えるだろう。しかし、ここで留意すべきは、チベットからモンゴル、ロシア領シベリア南部、満洲（中国東北）に至る地域には、チベットで独自の発展を遂げたチベット仏教が伝播し、「チベット仏教圏」と言いうる空間を形成していたという事実である【図1】。

一九〇五年の日露戦争終結にともない、満洲に権益を得た日本は、これら地域の政治と社会の実態に向き合う必要性を感じ始めていた。一方で、チベット仏教圏の人々にとっても、東方における日本の政治的・軍事的影響力の高まりは無視できないものであった。東西に遠く離れた日本とチベットの接近は、二〇世紀初頭におけるアジアの地政学的状勢の劇的な変化を示す好例なのであり、本章で論じるように、その両者の関係構築において重要な役割を果たしたのは、日本の仏教僧たちだったのである。

それでは、明治の仏教界はなぜチベットに特別な関心を抱きこれと近づき、チベット側は日本とどのように接したのだろうか。本章は、漢人の革命家とその日本の協力者たちの視線から捉えられがちであった、辛亥革命と明治日本というテーマを、内陸に広がるチベット仏教圏の観点から考えていきたい。

一　チベット仏教圏の広がりと清朝

チベット仏教の成立と展開

紀元前五世紀頃にインドで生まれた仏教は、その後三つのルートを経由して世界に広まった。一つはセイロン島を経て東南アジアに広がった南伝仏教（上座部仏教）、二つ目は、インドからシルクロードを通じて中国へと伝わり、朝鮮・日本へ到来した北伝仏教である。そして三つ目が、チベットで独自の発展を遂げ、モンゴル、満洲へと伝播したチベット仏教である。インドでは一二〜一三世紀のイスラーム侵入によって仏教は滅んだが、上記三つの流れは今日まで存続する。チベット仏教は、その最後の波であった。

チベットの地に仏教が伝播したのは、七世紀のことである。漢語で吐蕃《とばん》と呼ばれる古代王朝（七世紀〜八四二年）の基礎を築いたソンツェンガンポ王は、中国とインドの仏教文化を導入し、チベット文字を制定したとされる。中央ユーラシア屈指の国家に成長した吐蕃は、王室主導でインドより高僧を招き、寺院を建立し、経典翻訳に力を注いだ。唐やインドで隆盛を極めていた仏教文化は、当時の先進国・文明国の証であり、奈良時代の日本同様、チベットにおいても仏教は国家の保護のもとで発展していった。

チベットに伝来した仏教は、日本に伝播した北伝仏教と同じく大乗仏教であり、起源を辿れば、ともにインドの古典語サンスクリット語で書かれた大乗経典に行き着く。『法華経』や『般若経』、現在最もポピュラーな経典である『般若心経』もこれに含まれる。ただし、中国を経由した北伝仏教が、膨大な漢訳経典を介して日本に到来したのに対し、チベットは、インド仏教・中国禅宗をともに受容しつつも、八世紀にはインド仏教を正統として重視するようになった。その後、多くのサンスクリット語仏典がチベット語に翻訳され、チベット仏教の基礎が築かれた。

こうしてチベット語訳仏典は、東アジアで流通した漢訳仏典に比肩する、翻訳経典のジャンルを形成し、チベット大蔵経と呼ばれる仏典集成が作られていく。この中には、サンスクリット語の原本が失われている貴重な仏典も多く含まれる。

漢訳仏典が、訳者の判断・解釈の入った意訳を多く含むのとは対照的に、サンスクリット語原典の直訳に近いチベット語訳仏典は、そこから原語を推定しやすい。後に明治日本の仏教僧たちがチベット大蔵経を求めたのも、仏教本来の教義に向き合う上で、チベット語訳仏典が不可欠と考えたからであった。

モンゴル・満洲への拡大と「ダライ・ラマ」

モンゴルとチベットの関係は一三世紀のモンゴル帝国時代に遡る。ただし、モンゴル社会へのチベット仏教の浸透は帝国解体後のことであり、チベット仏教最大宗派となるゲルク派の誕生・成長と、今日、最もよく知られるチベット仏教の高僧である「ダライ・ラマ」の登場によるところが大きい。

大宗教家ツォンカパ（一三五七〜一四一九年）を開祖とするゲルク派は、その成長期に、ライバルの他宗派に対抗して「転生《てんしょう》相続制度」という継承制度を取り入れた。当時のチベット社会には、インド伝来の輪廻転生の思想が浸透していたが、特にラマ（師僧）[1]を尊ぶチベットでは、卓越したラマは仏・菩薩の「化身」にして、現世への転生を繰り返して、生きとし生けるものを導くとされた。「転生相続制度」は、生前に高僧が持った権威・地位・財産を、世襲ではなく、その転生者（生まれかわり）に受け継がせる制度である。ゲルク派は、この超俗的世界観に支えられた制度を導入し、教団の伝統と権威、その支持者（施主）たちとの関係を維持・拡大しつつ、一層の成長を遂げた。

ダライ・ラマは、このゲルク派の転生僧である。一五七八年、モンゴルの覇権を握り明朝を圧倒していたアルタン・ハーンに招かれたゲルク派の高僧ソナム・ギャムツォは、仏教に帰依したアルタンと会見し、アルタンから「ダライ・ラマ」（「ダライ」は「広い海」を示すモンゴル語）の称号を贈られた。両者の会見を機として、モンゴル各地に寺院・仏塔が建立され、チベット仏教は現在の中華人民共和国・モンゴル国・ロシア連邦などに跨って広がるモンゴル民族の間に拡大した。こうして著しい成長を遂げたゲルク派は、新たに信徒になったオイラト系モンゴルの軍事支援を受けて政敵を打ち破り、一六四二年、ラサにダライ・ラマ五世を最高権威者とする政権を樹立した。

同じ頃、ユーラシアの東北隅にて狩猟・農耕を営んでいた満洲人が勢力を拡大し、一六三六年に盛京（現遼寧省瀋陽）を首都とする大清国を樹立した。モンゴルに支配を広げた清朝は、ダライ・ラマがモンゴルに及ぼす宗教権威を尊重し、チベット仏教を保護する姿勢を示した。中国支配を開始して一〇年近く経った一六五三年には、清側の招きに応じてダライ・ラマ五世が北京に赴き、順治帝と会見するに至った。これを、いわゆる中華世界の「冊封」、あるいは君臣関係の構築と解釈する向きもあるが、実のところ、朝鮮・琉球からの朝貢使節とは異なり、ダライ・ラマ五世は、皇帝への臣属を表す叩頭礼などは求められていない。皇帝とダライ・ラマはほぼ同じ高さの座に座り、飲食を同時にとり（飲食を先にとる方が身分が上とされる）、チベット仏教の「施主」たる皇帝が高僧を供養する、という仏教的価値観のもとに会見を行った（鈴木一九六二、一一～二五頁、沖本ほか編二〇一〇、八五～八八頁）。

以後、清朝とチベットの関係は緊密化していき、一八世紀後半にかけて、北京や皇帝の離宮がある熱河（承徳）などでは寺院が次々と建立され、モンゴル・チベットの僧侶たちが駐在し、清とチベット・モンゴルの関係を橋渡しする重要な役割を担った。特に、現在北京の観光名所でもある雍和宮《ようわきゅう》は、一七四四年、チベット仏教の強い信奉者であった乾隆帝が、父雍正帝の皇太子時代の屋敷をチベット仏教寺院として改築したものであり、北京におけるチベット仏教の一大拠点となった。のちに北京を訪れた日本僧たちがチベット僧・モンゴル僧と交流できたのも、清代北京におけるチベット仏教の隆盛によるものである。

このようにチベット仏教は満洲皇室の手厚い庇護を受け、清・チベットの関係も、乾隆帝の治世が終わる一八世紀末まで、曲折はありつつも比較的良好であった。しかし、一九世紀以降、西欧列強の中国進出と相次ぐ内乱に直面するなかで清朝の体制は大きく変化し、それはチベットとの関係に歪みをもたらしていく。

二　ダライ・ラマ一三世と日本

日露戦争下での接触

一九世紀後半以降、チベットは英領インドとロシアとの中央ユーラシアにおける競合関係、いわゆる「グレート・ゲーム」の焦点の一つであった。当初、イギリスはインド・チベット間の通商関係の構築と国境画定を目的として、清朝との間で交渉を続けていたが、イギリスの到来を恐れるチベットはイギリスを拒み続けた。しかし、チベット側の態度とは対照的に、『萬国公法』(国際法)に準拠した西洋由来の国際関係に少しずつ順応しつつあった清朝は、イギリスとの取り決めに従い、むしろチベットにイギリスとの通交を促した。チベットから見て、イギリスとの関係を優先する清朝の姿勢は、チベット仏教の保護者にあるまじきものと映るようになり、チベットと清朝の間には、亀裂が生まれつつあった。

時のチベットのリーダーであったダライ・ラマ一三世(一八七六〜一九三三年)は、清朝への不信が募るなか、ロシア臣民にして東シベリア南部ブリヤート・モンゴル出身の僧侶であった、側近のアグヴァン・ドルジエフを介して、イギリスのライバルであるロシアに庇護を求め始めた。ロシアも、英領インドとの競合に加え、ブリヤート人、カスピ海北方のカルムイク人など、チベット仏教徒たる多くのモンゴル系住民を領内に抱えており、チベット仏教界における至高の権威ダライ・ラマとの関係に関心をもっていた。

これに危機感を抱いたのは、イギリスであった。清朝を介したチベットとの関係に実質的進展が無いなか、ロシアとチベットは急速に接近しつつあったからである。清朝を通さず、ダライ・ラマ政権との直接交渉を通じて自らの権益確保を目指したイギリスは、武装使節団をラサに派遣し、一九〇四年、ダライ・ラマ政権との間に条約を締結した（ラサ条約）。この英軍のラサ到達を前に、ダライ・ラマは側近たちとともに、ロシアの支援を期待してモンゴルへと向かったのであった。

同年末にイフ・フレー（現ウランバートル）に到来したダライ・ラマは、ロシア領内での保護を望んでいた。しかし、ロシア第一次革命に直面し、日露戦争でも苦戦を強いられていたロシアは、チベットに対する態度を保留し続けた。ダライ・ラマも日露戦争の仲裁をロシアに申し出るなど、状況をチベットに有利に変えるべく動いたが（和田二〇一九）、ロシアはダライ・ラマが期待した援助を与えることはなかった。

このモンゴル滞在中のダライ・ラマの動向を注視していたのが、ロシアの敵国、日本であった。一九〇五年三月、駐北京日本公使館は、清廷との交渉のためにモンゴルから北京に派遣されていたダライ・ラマの使者と接触した。日本側の交渉担当者は使者に対して、日本がロシアとの戦いを優位に進めつつあることを強調し、ロシアに代わり日本が支援を与える意思があることを伝えた（小林二〇二〇）。

このように、チベットとロシアの離間をはかる日本の情報工作の中で、日本とチベットは接触したのであるが、その後の両者の関係発展に重要な役割を果たしたのは、日本仏教界の人々、特にこの時期チベット語やチベット仏教の知識を体得しつつあった一部の青年僧たちであった。

明治日本の仏教界とチベット

明治の日本で、チベット仏教界への接近を試みる僧侶たちが現れた背景については、当時日本の仏教界が抱えていた課題から説き起こす必要がある。

幕藩体制下で特権的地位を保持し、社会に広く影響を及ぼしていた仏教は、明治維新後の新たな時代の中で、早くも危機に直面した。新政府の発した神仏分離令にともなう、廃仏毀釈である。急進化した仏教弾圧は、寺院や仏像の破壊につながった。さらに、西洋からのキリスト教流入への対抗という問題にも、日本仏教界は向き合わなければならなかった。

仏教の存在意義が問われるようになるに従い、特に日本仏教の最大宗派として君臨していた真宗、つまり真宗大谷派（東本願寺）と真宗本願寺派（西本願寺）の僧侶たちの間で、海外の宗教事情・学問事情を調査・吸収しようとする動きが強まった。それは、キリスト教対策をひとつの目的とした西洋での情報収集・視察であったが、同時に、仏教の近代化を目指すなかで、仏教とは何かという根本問題に立ち返り、その原点を探求しようという動機にも根ざすものでもあった。

彼らが特に注目したのは、一九世紀欧州の東洋学者による、ネパール・インド由来のサンスクリット語仏典を用いた文献学的考察を基礎とする近代仏教学であった。明治以前まで中国由来の漢訳仏典を学び続けてきた日本の僧侶にとって、大乗仏典を原典に立ち返って考える上で、西洋で生まれた近代仏教学の研究手法は、新鮮かつ魅力的なものであった。

一八七六年には、真宗大谷派の南条文雄らがイギリスに留学し、オックスフォード大学教授マックス・ミュラーに師事してサンスクリット学・仏教学を学んだ。西本願寺からも、高楠順次郎が同じくミュラーに学び、その後ドイツやフランスに遊学した。

日本仏教界が、インドで散逸したサンスクリット語仏典を忠実に翻訳したチベット語仏典の価値に気づき始めたのも、この時期であった。南条が講師を務めた哲学館で学んだ青年僧たちの中からは、チベット大蔵経を求めてチベット入境を志すものが現れ、「入蔵熱（チベット入国ブーム）」とも言いうる状況が生まれ始めたのである。黄檗宗《おうばくしゅう》僧侶にして一九〇一年に日本人初のラサ到達を実現する河口慧海《えかい》や、ラサを目指す旅路の途中で没した、東本願寺の能海寛《のうみゆたか》などがそうした人々にあたる。

能海がチベット出立前に記した『世界に於ける仏教徒』（哲学書院、一八九三年）は、将来、世界各地の仏教は地域・宗派を超えて連帯しなければならず、チベット大蔵経はその拠り所になる聖典であると強調する。こうした発想の背景には、日本・中国・チベットなどに伝わる仏の教えを、バラバラの存在ではなく、単一の「仏教」として捉えるという、明治日本に定着しつつあった近代的宗教観がある。同書刊行の一八九三年は、日本仏教各派がシカゴ万国宗教会議に参加した年であり、日本仏教が世界の中でアイデンティティを模索していた時期にあたる。二〇世紀初頭には、法主・大谷光瑞の指揮のもと、西本願寺が有名なシルクロード探検を三次にわたり敢行するが、これは、西洋の探検家による中央アジア調査に刺激を受けた、仏教東漸ルートの探求の旅でもあった。

こうしてチベットへの求法の旅は、キリスト教・イスラム教などと並びたつ世界宗教としての仏教の原点を探る旅となり、日本とチベット、アジア諸地域の仏教間および「仏教国」間での連絡・「連帯」という発想と結びつく側面があった。こうしたなか、のちにダライ・ラマ一三世をはじめとするチベット仏教界の高僧たちと緊密な関係を築くことに成功する人物が現れる。能海と同門、真宗大谷派の寺本婉雅である。

寺本婉雅とチベット

愛知県海東郡出身の寺本婉雅《えんが》（一八七二〜一九四〇年）は、真宗大学（現大谷大学）に在学中、チベット訪問を志すようになり、卒業を待たずして清へと渡った。一八九八年から一九〇八年にかけて約一〇年のあいだ、中国内地からおよそ四回に分けてチベット人・モンゴル人の居住地域を巡り滞在した経験をもつ。その後は大谷大学にて教鞭をとり、チベット学に関する数々の著作や訳書を残している。

前述の河口慧海が、インド・ネパール経由で、当時外国人の立ち入りが困難であったチベット・ラサに入り、その記録を英語で出版し国際的名声を獲得した一方で、寺本の事績は当時それに比肩する注目を集めたとは言いがたい。しかし、中央チベットから青海、モンゴル、北京・清廷に及ぶチベット仏教文化の広がりとその宗教的活力をじかに経験した寺本は、河口とは異なる観察力と行動力をもった仏教者であった。

一八九八年、寺本は第一回目のチベット旅行に出発した。北京に到達した寺本は、北京のチベット仏教センターたる雍和宮の僧侶から、チベット仏教と、モンゴル語・チベット語を学ぶ。この雍和宮とのつながりが、その後の寺本とチベット仏教の関わりを方向付けたと言ってもよい。第一回チベット旅行は四川からのラサ入りが実現せず、帰国を余儀なくされた寺本であったが、二年後の義和団戦争勃発に際して、彼は陸軍通訳として従軍することを東本願寺より下命され、再び北京を訪れる。

この争乱の中、雍和宮はロシア軍管下に置かれ、ロシア正教の宣教師らの住処と化していた。しかし、寺本は雍和宮の僧たちやモンゴル王公らの要請を受け、雍和宮保護のために奔走した。その結果、連合軍の決定により、雍和宮や紫禁城を含む北京城内北部一帯は日本陸軍管下に入り、宣教師らが退去させられた。これをきっかけに醇親王・慶親王ら清朝皇族からの信頼を得た寺本は、その後、義和団の略奪を受けた黄寺・資福院に残されていたチベット大蔵経を慶親王より「拝領」し、本国へ送付した（寺本一九七四、三五六～三五七頁)。

チベット仏教界と日本仏教界の関係樹立を目指す寺本は、一九〇一年夏には、雍和宮との強固なつながりをもとに、雍和宮貫主アキャ・ホトクトの日本招聘を実現した。北京のチベット仏教界を束ねる雍和宮トップの来日に、日本仏教界のみならず政界・官界も盛り上がり、アキャ・ホトクトは二ヶ月ほどの日本滞在の間に、近衛篤麿、大隈重信のほか、在野の人士、仏教関係者・軍関係者らから広く歓迎を受けた。

一連の寺本の成果を受けて、彼から得られるチベット仏教圏の情報に注目した人々がいた。大陸での情報工作を主導した参謀本部第二部長であった福島安正や、「支那通」として知られた日本公使館付武官の青木宣純《のりずみ》である(澤田二〇一八)。こうした情報将校や北京日本公使館などから、チベット専門家として期待された寺本は、日本とチベットの関係樹立に向けて、具体的な進言・行動を行っていく。

一九〇五年、寺本はダライ・ラマ不在のラサを訪問してひと月ほど滞在し、インド経由で同年一〇月に帰国したが、この時期、日露戦争終結にともない、日本の満洲経営がまさに始まろうとしていた。さらに同年、日英同盟(一九〇二年締結)は、インドをも適用範囲とする軍事的な攻守同盟として更新されていた。当時の寺本は参謀本部に対して、ダライ・ラマの北京招聘計画を提起し、それが「西蔵蒙古に於ける紛擾を解決するのみならず併せて満洲問題と密接の関係を有する」(寺本一九〇五、五六頁)と説明した。その提言は、清朝が「喇嘛《らま》教を国教とし、西蔵蒙古を統一し来れり、愛新覚羅氏の発祥地満洲は又喇嘛教によ り治め」(同、五六～五七頁)ているとするように、チベット仏教が清朝政権に占める枢要な位置と、広大なチベット仏教圏においてダライ・ラマがもつ権威に対する確信に基づいていた。それゆえ、ダライ・ラマを北京朝廷に参内させ、モンゴル・チベットに対する清朝の威信を回復し、ロシアのアジア支配の野心を挫くことができれば、それは清朝と日本の安全保障に寄与し、同盟国たるイギリスの利益と「東亜の平和」につながると構想した（同、五九頁）。

さらに寺本は、ダライ・ラマを北京のみならず、日本にも召致すべしという大胆な提言を行う。無論、そのような目立った行動をとれば、ロシアのみならず、イギリスや清朝から猜疑の目を向けられるかもしれない。それゆえに日本政府が行動に移れないならば、「日本仏教者の名義」により、日本・チベット間の宗教的交流を目的に掲げるべきとして、仏教界が果たしうる役割を強調している（同、五四頁）。

チベット仏教圏がもつ日本にとっての地政学的重要性と宗教的同一性を強調する寺本の見解は、ロシアによる復讐戦への懸念が高まるなか、参謀本部に対して一定の説得力をもったようである。参謀本部からの支援を受けた寺本は、その後、ダライ・ラマと接触するため、一九〇六年八月、再び青海に向かった。

ダライ・ラマ一三世の五台山・北京訪問と寺本婉雅

青海に滞在すること三ヶ月、ついに寺本にダライ・ラマとの会見の機会が訪れた。ロシアから期待した支援を得られないと知ったダライ・ラマが、モンゴルを離れ青海に移動したからである。ダライ・ラマの青海クンブム寺到着が数日に迫ったことを知った寺本は、日記に興奮に満ちた筆致で、「吾人ガ希望ヲ達スルモ正ニ此秋ニアリ」と書き留めている（寺本一九七四、二二四頁）。

同年一一月頃、ダライ・ラマに初めて謁見した寺本は、その後、現地でダライ・ラマおよびその側近たちと関係を築き、「東西仏教の連絡を謀る」ことに尽力した。モンゴルを離れたとはいえ、いまだにダライ・ラマ一行はロシアとの連絡を維持しており、寺本は、「〔ダライ・ラマが〕日本の大宗教家との親交を謀り、宗教上の関係より此方〔ロシア〕との関係を断ちて日清両国に親頼するの念を起さしむるは、独り清の利益に非ずして併せて東亜の平和の保証たるなからん」との内容をダライ・ラマの側近に伝えていたようである（早稲田大学大学史資料センター編 二〇一一、三九七〜三九八頁）。仏教を介した日本・清・チベットの連帯実現とロシアへの対抗、「東亜の平和」の実現という、仏教版の「アジア主義」とでも言うべき構想は、とりわけこの時期の寺本の発言に頻繁に見られるものである。

寺本の仲介もあり、ダライ・ラマと真宗は、その後急速に接近していく。その注目すべき成果は、仏教の聖山たる五台山における、西本願寺法主・大谷光瑞の名代たる大谷尊由《そんゆ》とダライ・ラマの会見（一九〇八年八月）であろう。寺本の記録によれば、尊由はダライ・ラマからの質問に答える形で、日本仏教のあり方を語るとともに、日本からの「学徒」とチベットからの「喇嘛」の往来の実現に向けて、ダライ・ラマから同意を得た（白須二〇一二）。他方で、ダライ・ラマ側も、真宗の僧侶達と接触するなかで、日本に対する「仏教国」としての認識を一層強めたようである。後述のように、ダライ・ラマ側から日本に宛てられたチベット語書簡には、両者の仏教信仰の共有を強調する文言が記載されるようになる。

さらに、同年九月にダライ・ラマは光緒帝・西太后らと会見するために北京に移動し、そこで駐清公使伊集院彦吉はじめ日本側要人らとも面会した。こうした外国要人との会談は、ダライ・ラマの滞在先である北京黄寺にて、清官僚の同席・監視という制約のもとで行われた。だが、ダライ・ラマの側近たちと寺本や公使館・参謀本部関係者らは別途接触を重ねており、寺本がかねてより参謀本部に提言していたダライ・ラマの日本召致計画、または日本へのチベット特使派遣の可能性が探られた。

しかし、事態は寺本のシナリオ通りには進まなかった。計画を推進した参謀本部と西本願寺の足並みが揃わなかったのみならず、清や英露両国に配慮した公使館側も、難色を示したからである。ダライ・ラマは日本への特使派遣を望んだようであるが、日本公使館がそれに応えることもなかった（澤田二〇一八）。

他方で、清朝とチベットの関係回復を望んだ寺本の奔走は、いかなる成果を挙げたのだろうか。両者の関係修復の機会となるはずだった清朝皇帝とダライ・ラマとの会見は、早くもその儀礼・作法をめぐり紛糾していた。ダライ・ラマ一三世が、自身の前世たるダライ・ラマ五世と順治帝の会見同様、「施主と高僧」という対等な関係を体現する儀礼を求めたにもかかわらず、清廷はダライ・ラマに「叩頭」を要求したからである。この扱いにダライ・ラマは激怒するが、その様子を彼の側近から伝え聞いた寺本は、「支那政府トノ関係ヲ円満ニ維持シ置クコト」、「哀レナル西太后ヲ救済シ、東亜ノ平和的手段ヲ講ゼンガ為メ忍ズルコト」と、今はこれを耐え忍ぶよう説いたのであった（寺本一九七四、二八九頁）。

しかし、ロシアを仮想敵とした「東亜」の連携という寺本の構想が、ダライ・ラマの共感を呼んだとは思われない。モンゴルを離れたのちも、ダライ・ラマはドルジエフなどを介してロシアとの連絡を保っており、日本に配慮してロシアとの関係を断ち切る意思はなかったであろう。

なにより、この時期のダライ・ラマにとって、かつて敵対し恐れたイギリスではなく、チベットに対する支配強化に乗り出していた清朝こそ、チベットに対する脅威として認識されつつあった。ダライ・ラマとその側近たちは、清朝との関係が悪化するなか、北京でロシア・イギリス・アメリカなどの各国要人と接触を重ねつつ、チベットが歩むべき途を模索しており、日本は、彼らが接触したこうした列強諸国の一つであった。チベットにとって支援者となりうるロシアないしは西洋列強への対抗を含意する「東亜」「アジア」という枠組み自体、ダライ・ラマに共有されうるものだったとは言いがたい(2)。

皮肉なことに、ダライ・ラマが恐れた清末のチベット政策は、ほかならぬ日本からの影響を受けていた側面がある。二〇世紀初頭にモンゴル・チベットに及んだ支配強化策は、明治日本の西洋化を模倣した、国政全般の改革たる「光緒新政」を構成するものだったからである。例えば、日本への視察経験をもつ姚錫光は、モンゴルの新政に携わるにあたり、北海道開拓に倣ったモンゴルの開拓を唱え、日本の廃藩置県を参照しつつ、モンゴル王公に統治を委ねてきた従来の制度を廃止してモンゴルの土地・人民を回収することを提言した（岡二〇一〇）。東チベット（四川省西部のチベット人居住地域）では、四川省当局が現地のチベット人有力者や寺院らの権力基盤の接収を断行しており、チベットからの反発を招いていた。そこでもまた、アメリカ・イギリス・フランスの植民地支配の成功例とともに、北海道開拓の事例が参照されていた（四川民族研究所編一九八九、一一八〜一二五頁）。清朝の特質たる多元的構造は、西欧・日本モデルの画一的支配の導入により崩壊しつつあり、それはチベット・モンゴルの離反を招いていったのである(3)。

三　辛亥革命と日本・チベット関係

ダライ・ラマが北京からラサに戻りわずか三ヶ月の一九一〇年二月、四川省の新式陸軍がラサに進軍した。それはチベットにおける清朝支配の確立・強化を目的の一つとしており、チベット側からの激しい反発を押し切って断行された軍事行動だった。これを受け、ダライ・ラマは再びラサを離れて英領インドに逃れ、イギリスの保護のもとで三年近く生活を送ることとなる。

ダライ・ラマのインド逃亡は、決してイギリスの策動の結果ではなく、四川軍進駐の脅威に直面したダライ・ラマ自身の選択・決断であった。「歴史的に清朝とチベットは支配・被支配の関係ではなく、施主と高僧の対等な関係にあった」とするダライ・ラマは、清朝の強権的支配を拒絶し、チベットは「独立」をしなければならないと考え始めていた（Kobayashi 2019）。しかし、イギリスはすでに一九〇七年の英露協商によりロシアと妥協をしてグレート・ゲームに区切りをつけていたため、チベットへの干渉には慎重であり、チベットの「独立」にも賛同を示すことはなかった。

イギリスの消極的態度に少なからず失望したダライ・ラマは、再び日本に期待を寄せていった。英露協商の当事者ではない日本には、チベット支援をめぐる強い制約が無いと考えたのがその一因であろう。さらにこのタイミングで、西本願寺が、一九〇八年の「学徒」「喇嘛」交換の合意に基づきインド滞在中のダライ・ラマに接触してきたことも、ダライ・ラマが日本に期待を抱いた背景であった。ダライ・ラマは、側近の一人である高僧ツァワ・ティトゥルを日本に遣わし、一方で大谷光瑞から派遣された二人の若き学僧、青木文教と多田等観を受け入れた（高本二〇一三、第三章）。

日本・チベット間で僧侶の交換が実現しつつあるなか、チベット情勢に新たな局面をもたらす事態が生じる。一九一一年一〇月に辛亥革命が起き、翌年二月、清朝が滅亡したのである。当初、満洲人支配の転覆と漢人主体の政権樹立を目指していた革命勢力であったが、革命勃発後、依然として強力であった清朝政権側との間で妥協が進むなか、排満ではなく、旧清朝版図の継承を唱える方向に方針転換していく。こうして、中華民国は漢・満・蒙《モンゴル》・回《ムスリム》・蔵《チベット》の「五族共和」を宣言し、チベット・モンゴル併合を試みていった。

こうした動きに対して、外モンゴルの王公たちは、一九一一年一二月一日に清朝からの独立を宣言し、ジェブツンダンパ八世を元首とするボグド・ハーン政権を樹立していた。ダライ・ラマもまた、ラサに駐留する中国軍を排除し、一九一三年一月にインドからラサに帰還した。さらに、同一一日にはボグド・ハーン政権との間に条約を締結し、チベット・モンゴル相互の「独立」を承認しあった（蒙蔵条約）。つまり、チベット仏教圏を構成する二つの主要地域が、ともに中華民国への参加を拒絶したのである。

このときチベットが直面していた最大の問題は、東チベットに軍隊を展開し、中央チベット進駐の機をうかがっていた中国軍に、いかに対抗するかということであった。ダライ・ラマはイギリス・ロシアに支援を求めるのみならず、日本からの政治的・軍事的協力獲得のための交渉をも開始した。

しかし、日本政府がダライ・ラマらの要望に応えることは無かったと言ってよい。一九一二年五月、ダライ・ラマの側近の一人は駐カルカッタ日本総領事館に、満洲・モンゴル経由での日本からの武器・弾薬の購入を打診したが、日本側はその要求を事実上拒否している。武器輸出に応じれば、辛亥革命に対する日本の不干渉政策と矛盾するばかりか、日英同盟とも齟齬をきたすという判断からであった（Kobayashi 2019）。

それでもなお、一九一三年、ダライ・ラマは前述の青木文教を通じて大正天皇にチベット語の親書を送り、「仏教信仰をともにする」日本とチベットの友好を強調しつつ次のように述べた。

中国側はチベットの真の領域であるカム（東チベット）のチャムドとダヤプに軍隊を派遣し、不当〔な占拠〕を続けています。中国軍が撤退して、チベットに「ランツェン rang btsan」（チベット語で「独立」に相当する語）がもたらされるよう、現在と未来のチベットのために良い結果がもたらされるよう、中国に対して強硬的な〔手段をともなう〕できうる限りのご支援を〔チベットに〕賜りますこと〔をお願い

します」。（青木文教アーカイブ、国立民族学博物館所蔵、史料番号：四九）

このように、ダライ・ラマは、東チベットに駐留する中国軍を撤退させるよう、日本から中国に対して影響力を行使するよう強く要請した。しかし、日本側がこの親書に対して返信をした形跡はなく、管見の限り、日本がこれを受けてチベット問題に介入をしたという事実も見られない。日本にとって、チベットをはるかに上回る戦略的重要性を有していた「満蒙」に対してすら、本国政府は各国との協調を乱すような介入は控えていた（中見二〇一三、一一五〜一二四頁）。ましてや、チベット問題に対する干渉には一層抑制的にならざるを得なかったというのが実情だったと思われる。

おわりに

明治末期、多くの日本の人士が漢人革命家たちの清朝打倒の動きに共鳴し始めていた頃、日本仏教界からは、中国内地の後背に広がるチベットおよびチベット仏教圏に注目する人々が出現しつつあった。寺本婉雅はそのうちの重要な一人である。

しかし、寺本がチベット仏教王権としての側面をもつ清朝政権の特質を見抜き、モンゴル・チベット・満洲の紐帯を再構築させ、日本と連なりロシアに対峙すべきと構想していたのに対し、当時の清朝はすでに、チベット仏教の論理と世界観にもとづいたバランス感覚と判断能力をほぼ喪失していた。西洋・日本を重要なモデルとした近代化プロジェクトによる、清朝自身の変貌を通じて、清朝はチベット仏教圏からの支持を失っていったのである。

清朝とチベットの軋轢が深まるなか、ダライ・ラマ一三世にとって日本仏教界との接触とは、彼がチベット仏教圏を超えて、国際社会の中でチベットの位置を考える視座を獲得する一つの契機となったであろう。しかし、辛亥革命前後の国際社会は、清朝の旧「版図」の規模を継承しようとする中華民国の枠組みを、おおむね追認する方向で動いていたのであり、チベットに対する日本政府の対応も例外ではなかった。国際社会と向き合い自己意識を確立していくチベットと、それに対する国際社会からの承認の不在という、二〇世紀前半のチベット史を貫く構図が形成される過程を、ここに見ることができるだろう。

明治後期の「チベット・ブーム」は、大正に入り少しずつ退潮し（高本二〇一三、第六章）、チベットと日本の関係も希薄になっていったようにも見うけられる。しかし、本章が取り上げた日本仏教界とチベット仏教界の邂逅は、辛亥革命の高揚の陰で偶発的に生じた辺境の一エピソードとして片付けられるものではない。一九三〇年代、日本が満洲における支配を確立するなかで、チベット仏教圏は改めて注目を集めるようになる。かつて、明治から大正初期にチベット仏教とチベット語のスペシャリストとして活躍をした真宗の僧侶たちは、「喇嘛教工作」と呼ばれる、チベット仏教徒たちを懐柔・動員する政策に参画していくこととなる（同、二〇一～二二六頁）。明治維新後に始まる、日本とチベット仏教圏の人々の関係とその展開を、両者の視点と立場を包括的に捉えつつ、戦中期を含めて跡づける試みが一層必要となるだろう。

注

（1）「ラマ」が格別の敬意を払われるチベット仏教は、かつて漢語で「喇嘛教」、英語でLamaismと呼ばれることが多かった。「仏教」という語を欠いたこの呼称は、チベット仏教を正当な仏教から逸脱した教えとみなす侮蔑的意味を含むこともあり、現在、適切な呼び名とは考えられていない。

（2）当時のチベットに「アジア」概念が定着していたことを示すチベット語史料は見出していない。

（3）個別の政策に見られる日本近代からの影響については、今後一層の検討がまたれる。

参考文献

石濱裕美子編『チベットを知るための五〇章』（エリア・スタディーズ）明石書店、二〇〇四年

岡洋樹「清朝の外藩モンゴル統治における新政の位置」『歴史評論』七二五号、二〇一〇年

沖本克己ほか編『新アジア仏教史⑨チベット――須弥山の仏教世界』佼成出版社、二〇一〇年

高本康子『ラサ憧憬――青木文教とチベット』芙蓉書房新社、二〇一三年

小林亮介「ダライ・ラマ一三世の川島浪速宛書簡にみるチベット・日本関係――日露戦争とチベット問題」『史滴』四一号、二〇二〇年

澤田次郎「チベットをめぐる日本の諜報活動と秘密工作――一八九〇年代から一九一〇年代を中心に（一）」『人文・自然・人間科学研究』四〇号、二〇一八年

四川民族研究所編『清末川滇辺務檔案史料（全三巻）』中華書局、一九八九年

白須淨眞『大谷探検隊研究の新地平』勉誠出版、二〇一二年

鈴木中正『チベットをめぐる中印関係史――十八世紀中頃から十九世紀中頃まで』一橋書房、一九六二年

寺本婉雅『蔵蒙旅日記』芙蓉書房、一九七四年

寺本婉雅『西蔵蒙古旅行に於ける報告』一九〇五年（米国議会図書館所蔵）

中見立夫『「満蒙問題」の歴史的構図』東京大学出版会、二〇一三年

早稲田大学大学史資料センター編『大隈重信関係文書七』みすず書房、二〇一一年

和田大知「一九〇四年～一九〇六年の移動期におけるダライ・ラマ一三世の主体的外交について」『早稲田大学大学院教育学研究科紀要・別冊』二六巻二号、二〇一九年

Kobayashi, Ryosuke, "The Exile and Diplomacy of the 13th Dalai Lama (1905-1912) : Tibet's Encounters with the United States and Japan," Ishihama Yumiko *et al.* eds., *The Resurgence of "Buddhist Government": Tibetan-Mongolian Relations in the Modern World*, Osaka: Union Press, 2019.

第6章　十月革命と明治維新

タチアナ・リンホエワ

はじめに

ロシアは二〇一七年にロシア革命一〇〇周年を迎え、日本は二〇一八年に明治維新一五〇周年を迎えた。これらの大革命は、それぞれの国で近代への入り口となり、国民国家形成の基礎をなす出来事となった。十月革命そして明治維新は世界史上未曾有かつ特筆すべき出来事と見なされ、およそその直後から神話的な地位をえた。いずれの革命も、人々を「素晴らしい新世界」——より平等で、公正かつ繁栄した未来の約束——へと駆り立てていった。

とはいえ一世紀以上の歳月が過ぎた今、ロシアと日本におけるこれらの革命の記憶はいずれも複雑でかつ問題をはらんでいる。これらの革命祝賀をめぐって発生する議論や国家が後援する革命記念イベントの不在が明らかにするのは、革命そのものというよりもむしろ、今現在の入り組んだ情勢なのである。キャロル・グラックが本書で論じるように、日本の政界および学界に近年見られる保守化の傾向からか、明治維新が有した革命への衝動やその帰結に重きを置かれることがなくなり、むしろ、江戸幕府から明治政府へのスムーズな政権の移行や、伝統に基礎づけられた道徳的価値や慣行が近代の時期にも維持された点が強調されている。

本章は、ロシアと日本双方でのこれらの革命への評価を再考するものだが、とりわけ、一九一七年のロシア革命を目の当たりにした大正期日本の知識人たちが、この二つの革命を比較し、どのような理解を示していたのかについて考察を試みたい。

一　現代ロシアにおけるロシア革命への評価

現代のロシアでは、ロシア革命とはいったい何だったのかという問いへの答えは、その革命の産物であるソヴィエト連邦が一九九一年に崩壊した、という事実に規定されている。ソ連時代に対する失望は、ロシア革命およびその革命が希求したあらゆる事柄に対する失望に転じた。今やその革命は、ロシアの発展を民主主義や資本主義に向かうノーマルな道から、異常な道、全体主義的で後ろ向きの道へと逸脱させた破滅的な出来事と考えられている。実際のところ、一九一七年にロシアは、二月革命、十月革命と後にそれぞれ呼ばれることとなる二つの革命を経験していた。西洋や日本の歴史学界では十月革命はロシア革命と呼ばれているが、ロシアではこの呼称は使われていない。二月革命は、ツァリーズムを倒して民主的な仕組みを打ち立てたことから好意的に評価されているが、ボリシェヴィキが権力を掌握した十月革命は、かなり複雑なトピックとなっている。概してロシアでは、一般の市民も、そして政府の役人も、十月革命について考えようとはしない。なぜならば、現代のロシア国家やその内外政策に関するとても複雑で未解決の問題を内に含んだパンドラの箱を開けることとなるからだ。ロシアの高官たちは、この革命について語ることを完全に避けてきた。政府のスポークスマンであるドミトリー・ペスコフは、ロシア政府がいかなる祝賀行事も計画していないとしたうえで、「一体何を祝うというのだ?」と発言した。

こうした背景から、二〇一七年の数年前から、ロシアがどのようにしてロシア革命一〇〇年を祝うのかをめぐり多くの憶測が飛び交っていた。過去一五年にわたりウラジーミル・プーチンが率いてきた今の体制は、それ自身の歴史的な語りを展開してきた。現政権は、保守主義、すなわちあらゆる種類の急進的な変化や転換に対する深い不信と嫌悪、といった特徴を示してきた。しかしながら、この保守的な傾向は同時に、ソ連の解体は悲劇であり、犯罪行為であり、回避されるべきものだったのであり、かかわった人々すべてに重大な結末をもたらした、という国民の認識とも一致している。もしロシア革命に関する公共の場での議論があるとすればそれは「敗者」——白軍、帝政体制の支持者、無意味な犠牲者たち、殉教者、宗教的・民族的少数者を含めた人々の強制移住・弾圧——にむしろ焦点を当てるものである。事実、ここ二〇年ほどの間、ナチス・ドイツおよびファシズムに対するソ連の勝利が過去をめぐるパブリック・メモリーを独占してしまっており、ロシア革命におけるボリシェヴィキの勝利は忘れ去られてしまった。

とはいえ、逆説的ではあるが、現政権も一般国民もソ連時代の偉業——急速な工業化、文化面・教育面での達成、ファシズムへの勝利、などなど——を称えている。つまり、政府も国民もソ連時代そのものを称えながら、その一方で、ソ連時代のスタート地点となったロシア革命を少数のボリシェヴィキ集団による違法で犯罪的な権力の乗っ取りであると見なしているのだ。この「分裂症的な（schizophrenic）」態度のため、二〇一七年の革命祝賀行事は、学会、知識人による小規模な集会、オンライン・メディアの行事に限られていた。国家が後援した行事は何も行われなかった。

確かに、現政権にとって、一九一七年の革命もそして一九九一年のソ連崩壊も、ロシア近代史における建国上の出来事と見なされるべきものではない。プーチンも「ロシアは一九一七年に始まったわけでもないし、一九九一年に始まったわけでもない。私たちには一〇〇〇年にわたるひとつの連続した歴史がある」と述べている（Послание Президента Федеральному Собранию）。また、二〇一六年にプーチンは以下のように述べた。「来年、二〇一七年には、二月革命と十月革命の一〇〇周年を迎える。これは、ロシアで起こったこれらの革命の原因と本質について回顧する良い機会だ。歴史家や学者だけでなく、ロシア社会全体がこれらの出来事について客観的で率直かつ深い分析を行う必要がある」。そして彼は、「なによりも和解のため、そして私たちが何とかそこにたどり着くことができた社会的・政治的・市民的調和を強化するため、私たちは歴史から学ばなければならない」と続けた（Presidential Address to the Federal Assembly）。つまり、政府および一般国民は内外の不安定化要因、つまりロシアやロシア人に歯向かう人々、組織、外国勢力に対し、用心深くあらねばならない、ということだ。

ロシア政府は一九一七年の革命祝賀を国家安全保障の問題と見なし、この問題に関する議論をロシア連邦安全保障会議に委託した。安全保障会議の専門家らは、歴史上の記憶が外国勢力による地政学的目標のために利用されているらしきこともあり、政府は革命祝賀をコントロール下に置くべし、と表明した。さらに、あるロシアの保守派の政治家は公然と、歴史家は行事を企画したり、革命に関する議論に参加したりするのにかかわらないほうが良かろう、と表明した。彼が言うには、歴史家はイデオロギー的に過ぎるが、同時に政治思想家でもない。歴史的記憶に関するこれらすべての懸念にもかかわらず、最終的には、政府はロシア革命に関する一貫した見解を作り出すことができなかった。なぜならば、政府はいまだにソ連時代全体の過去について分裂した見解をもっているからだ。他方で、政府や国民は帝政ロシアを礼賛することを好むが、どのようにして帝政ロシアや専制政治がかくも一気に、完全に崩壊してしまったかを説明しなければならない。すでに述べたように、強国ソ連に対するノスタルジーの存在と「犯罪的」とも見なされるソ連の起源、つまりロシア革命をどのように調和させるのかは、今なお激しく論じられる未解決のトピックなのである。

二　大正期日本におけるロシア革命の受容と明治維新の再評価

二月革命

ロシア革命に対する近年の否定的な評価にもかかわらず、この革命は確かに世界を揺るがせた革命であった。大日本帝国とて例外ではなかった。ロシア革命が日本の歴史的歩みに与えた重大な影響は、戦後の冷戦時代にはわずかに限られたものになってしまったとはいえ、ロシア革命が日本の政治的、文化的、社会的、知的な風景を形作るうえで大いに影響を与えたことは無視できない。地政学の面では、日本の政府および軍はこの新たに開かれた機会を利用し、シベリア出兵として知られる極東ロシアやシベリアへの介入、および中国政治への介入を行った。ロシアの共産主義者たちが成功を収めるにつれ、彼らは朝鮮や中国の抗日・反帝国主義運動を支援するようになり、大日本帝国の安全を脅かすようになった(原一九八九、細谷二〇〇五)。ロシアのボリシェヴィキは中国における共産主義の勃興の要因でもあり、その中国の共産主義勢力は、ついには東アジアの政治を根本から決定づけてしまった。日本政府は、国内では、大衆を引き付ける共産主義イデオロギーへの対処を迫られ、一九二五年には治安維持法を制定するに至った。

ボリシェヴィキ革命後の数年間、その革命の意味、ボリシェヴィキの意図、日本やその帝国に与えるボリシェヴィキ体制の影響をめぐる多くの議論が日本国内で行われた(Linkhoeva 2019)。また、一九一八年には、日本は明治維新五〇周年を迎えた。明治維新に関する記憶はいまだに古びることなく、明治維新の参加者らもまだ存命であった。維新五〇周年は、明治維新がその「約束」を果たせたのか、そもそもそれは何だったのかについて、大正期の人々が考える機会となった。

そこでここからは、大正時代におけるロシア革命の受容について、また、大正時代の知的エリート層にとって、ロシアでの出来事がいかに明治維新や日本の近代国家を再考する際の一つの視角となったのかについて検証していこう。私はボリシェヴィキ革命がどのように帝国期の日本で受容されたかについての研究に従事しており、一九二〇年代の日本の知識人らがロシア革命と明治維新の比較を行った書物・言動に多く接してきた。両者の比較に、さらには十月革命と明治維新を結び付けて考えることを可能にした彼らの気づきに、私は最も興味をそそられるのである。

一九一七年三月八日(旧ユリウス暦二月二三日)、暴動がロシアの首都ペトログラードで起こった。この暴動は女性らのストライキとして始まり、労働者や兵士らも合流することとなった。この暴動の直接的な原因は第一次世界大戦であり、ロシア軍は一九一七年までに二五〇万を超える犠牲を払っていた。ロシア最後の皇帝、ニコライ二世は支持者に見捨てられ、三月一五日に退位した。皇帝という帝国と臣民をつなぎ留める唯一の権威が存在しなくなったため、国家権力はバラバラになった。二月革命はそれゆえ旧体制の終焉と同時に新たな革命プロセスの出発点となったのである。

日本政府および国民はロシアでの出来事に好意的な印象をもっていた。二月革命は汚職まみれの専制政治と官僚制に対する国民の民主的な蜂起と理解されたのである。日本の政治・軍事的エリートたちは、二月革命ののち、第一次世界大戦へのロシアの参戦継続が可能となるようロシアの政治・軍事が近代化されることを望んでいた。

日本国内では、二月革命のニュースは物議をかもし、この出来事は日本のリベラル紙によってただちに国内で起こっている政治・社会的問題へと結び付けられた。

一九一七年、日本は明治維新五〇周年を迎えていたが、国民の共通理解は、明治維新の民主的理念は裏切られ、権力は寡頭支配者や大企業に奪い取られ、明治初期の民主的な指導者たちが定めた然るべき道をそれようとしている、というものであった。一九一〇年から一六年まで朝鮮総督を務め、山県有朋閥の指導者であった寺内正毅首相は、一九一七年四月の選挙で議会内の第一党となった政友会へとその支持基盤を広げ、政権を維持するに至ったが、公衆はその結果に大いに落胆し、与党の勝利をあらかじめ決定づけた日本の立憲秩序総体を問題視するに至った。

明治維新は実のところ未完の革命である、との理解がますます広まった。国民は権力の簒奪や濫用について官僚や寡頭支配者を責め立てるようになった。寡頭政治に対抗するため、普通選挙制導入運動が勢いづき、中には「大正革命」を叫ぶ者すらいた。政府批判が強まるにつれ、二月革命は批判的言説の中心的議題となった。

しかしながら、最も興味深い問題は、不満を抱いた日本の公衆がどのように日本およびロシアの君主制の問題にアプローチしたか、ということだ。一見、ロマノフ朝と日本の天皇家を比較することは不自然ではない。しかし、大正時代の日本人は決してそうは考えなかった。事実、二月革命ののち、ロマノフ統治時代は徳川幕府と比較された。ロマノフ朝も徳川幕府も時代遅れの封建的な専制体制であり、非民主的なものであった。つまり、どちらも消滅する運命にあったのである。

ロシアのペテルブルクで、とあるロシア人が日本のジャーナリストの正親町季董《おおぎまちすえただ》に対し、日本人も君主制を廃止したがっているのかどうかを尋ねたところ、正親町はロマノフ家の皇帝と日本の天皇は根本的に異なる存在であり、両者の比較はそもそも不可能である、と答えた。時代遅れなロマノフ君主制の後進性は日本人を含めて世界の知るところでもあり、一九一八年夏のニコライ二世一家の処刑に対し、なぜ比較的無関心な反応が示されたのかの答えがここにある。日本の政府およびメディアは皇帝一家の殺害を単なる現在進行中の暴力革命の一つの結果に過ぎない、とした。日本の国民も政治家もほとんど関心を払わなかった。ロマノフ家は過去のものだったのである。

他方で、大正時代の著名なリベラル派であった吉野作造と石橋湛山《たんざん》は日本の君主制を擁護した。なぜなら、日本の君主制は国の統合理念であったからである。さらに重要なのは、彼らが明治維新の英雄的過去と近代日本の夜明けに向けてアピールした点である。君主制は有効かつ効果的な存在であることが明治維新の過程で証明された、と論じたのである。君主制のおかげで、国家は統一され、近代化され、先進世界の一員となることができた、というのである。

要するに、二月革命に対する日本の反応から以下のような基本的理解があったことがわかる。帝政ロシアは時代遅れの存在であり、江戸時代の日本を想起させるものであった。一方で、明治維新は進歩的なブルジョワ民主主義革命であった。日本の人々は、二月革命後のロシアは日本が一八六八年以後行ってきたような政治的・経済的近代化を成し遂げるだろう、と期待していた（菊池一九七三、一四頁）。

十月革命

一九一七年夏までに、ボリシェヴィキ党は強大な勢力となった。一九一七年の一一月六日から七日にかけての夜（旧ユリウス暦一〇月二四日～二五日）、ボリシェヴィキは軍事的反乱によって権力を奪取した。しかし、彼らは兵士や水兵、大工業都市の労働者たちからの強力な支持を獲得していた。一九一八年一月、ボリシェヴィキは一党制を確立し、ボリシェヴィキの支配を受け入れない者すべてに対する闘争を宣言した。マルクス主義の教義に基づくプロレタリア国際革命がすぐにでも起こり、経済的にも社会的にも立ち遅れているため一国では社会主義を建設できないロシアを助けに来るものとレーニンは期待していた。世界革命が起こるまでの間のボリシェヴィキの当面の目標は、プロレタリア独裁を確立し、権力を維持することであった。

日本では、ロシアで一体何が起こっているのか、ボリシェヴィキとは何者なのかをめぐって大きな混乱があった（富田二〇一七、一〇一頁）。新聞は、十月革命は二月革命と全く対照的に、大衆の参加のない無血クーデターであるがゆえに非合法なものであると報じた。ボリシェヴィキは大衆の政治的支持を欠いていると見なされ、権力欲の強い好戦的集団で直ちに崩壊する運命にあるとされた。ボリシェヴィキの成功は主として偶然の産物と見なされ、クーデターはいかなる意味においても時代を変えるような出来事ではなかった。西洋のメディア同様、日本のメディアはレーニンとボリシェヴィキの自己中心さ、自分勝手な反連合国的な言動、愛国心の欠如を非難した。また同時に、ドイツ軍がロシアを新たな植民地として日本のそばまで迫ってくる、といったヒステリックな予想までなされた。

日本政府同様、吉野作造、福田徳三、大山郁夫、清沢洌《きよし》といった日本のリベラル派も新たなボリシェヴィキ体制の正統性を受け入れるのにいくらか時間を要した。吉野作造は、第一次世界大戦を専制体制や軍国主義に対する民主主義諸勢力の戦いであると理解しており、十月革命を好戦的なボリシェヴィキ集団による非合法なクーデター、かつ「売国的」な行為であると非難した。彼は、レーニン主義の中核にあると考えられた国家およびその主要機構の廃絶を敗北主義の兆候であると見た。ボリシェヴィキ党およびそのプロレタリア独裁の主張は、西洋型の議会制民主主義制の支持者には、二月革命によって開始されたロシア社会の民主的・自由主義的な変革の正常な軌道に対する妨害行為でしかなかった。

最初は誰もボリシェヴィキが権力の座にとどまるとは思っていなかった。しかし、時が過ぎ、ボリシェヴィキと赤軍がロシア領土をコントロール下に置くのに成功するにつれ、多くの日本人がソヴィエト・ロシアに対する自らの態度を考え直すようになった。吉野はボリシェヴィズムを「時代の潮流」、発展途上にある国際的な民主化運動の一部として捉えつつも、より一層過激なバージョンの民衆抗議と認識するようになった。吉野は大戦への厭戦気分の広がりや、レーニンの「パン・土地・平和」をもたらすという約束こそが、ボリシェヴィキがロシアの人々の間に享受した広範囲な支持を理解可能にするのだと指摘した。この意味で、ロシアの十月革命は人民革命であって、堕落した過激派による違法な権力奪取ではなく無能な権力に対する下層階級の反乱なのである。日本のリベラル派は、ボリシェヴィキ革命の成功はロシア特有の政治・社会的状況に由来すると見なした。その流れにあって吉野が日本の読者に警鐘を鳴らした留意すべき点は、ボリシェヴィキ革命は社会革命であり、ロシアの政治・社会的後進性の問題に対するイデオロギー的解決法であった、ということである。

日本の評論家たちは、ボリシェヴィキと明治維新の立役者たち、つまり薩摩と長州の志士たちとの相似点を見落としていたわけではない。同時代の人々が十月革命に抱いた疑問点は以下のようなものであった。

一、いったいなぜ、崩れつつあったとはいえあの巨大な帝国で小規模な集団が権力を奪取することができたのか？

二、なぜ、とりわけボリシェヴィキ集団が成功したのか？

三、そしていかにして、この小規模な革命集団が権力を維持することができたのか？

四、さらに大きな疑問点としては、なぜロシア帝国は一九一七年革命のプロセスで崩壊を迎えてしまったのか？

これらの疑問点は明治維新に容易にあてはめることができた。徳川幕府がなぜ、そしてどのようにして一八五〇〜六〇年代に崩壊の限界点を迎えてしまったのか。なぜ、まとまって徳川幕府を倒すことができたのが、薩摩・長州・土佐のような特定の藩の武士であったのか。どのようにしてこれらの維新の志士たちが権力を奪取し、維持したのか。

これらは非常に難しい論点であり、ここでは私は、大正時代の知識人がこれらの疑問にどのようにアプローチしたか、その概略を説明することしかできない。

大正時代の知識人らは十月革命と明治維新の間に確かな類似性を見出していた。第一に、大正知識人の論じるところでは、これらの革命はともに、古い社会組織、古い統治システムや習慣・伝統といった過去とのラディカルな決別を意図したものであった。ロシアにおいては、数百年に及ぶ専制政治と農奴制からの決別であった。江戸時代の日本も後進的・封建的な暴政の時代であったとして、日本では直ちに同じように説明された。

第二に、大正時代の批評家らは、日本とロシアはどちらも内戦と外国の干渉の時代を経験したと考えていた。戊辰戦争（一八六八～一八六九年）はその当時進行中のロシア内戦（一九一七～一九二二年）と比較され、守旧派（旧幕府・ロマノフ朝）と革新派（薩長・ボリシェヴィキ）との闘いであった。大正時代の知識人は、江戸から明治への移行が混乱に満ち、血なまぐさいものであったこと、そして明治維新の過程で支払った犠牲について強調した。これはとても重要な点である。なぜならば、現代日本の保守的な歴史学では、江戸から明治への移行はスムーズで流血が少なく、関係者すべてに納得いくものであったと見なされているからだ。

さらに大正の批評家らは革命の過程における外圧の重要性も見逃さなかった。アメリカ、ロシア、そしてイギリスが幕末の動乱に重要な役割を果たしたように、ロシアにおいても、その最も積極的な担い手であった日本軍を含む外国からの干渉が革命のプロセスを決定づけた。石橋湛山は東洋経済新報の紙面において、シベリア出兵への反対を訴えた最も声高な論者の一人であった。彼は政府と軍に干渉をやめ、軍を撤退させるように訴えた。彼は、国民に対し、幕末の日本は弱体化した日本を襲わんとした列強に包囲されており、ロシアと似た状況に置かれていたことを再認識させようとした。石橋は日本の国民および政府に、一八五〇年代の日本の人々がいかに自らの無力さを感じていたかを思い出すように呼びかけた。ロシアは誰からも干渉されてはならず、平和裏に近代化を行わなければならない。もし日本がロシアの弱みに付け込もうとする近視眼的欲望に固執し、西洋の帝国主義勢力と一緒に行動するのであれば、将来の東アジア国際政治の行方は悲惨なものとなろう、と石橋は警告した。外相の内田康哉、そして東京市長の後藤新平も同様の意見を表明した（外務省一九六九、六七八頁、内田二〇一二、Hosoya 1974: 392）。

近代化革命としての明治維新とロシア革命

大正時代の評論家が好んで強調した第三の点は、明治維新とロシア革命の双方が近代化革命であったということだ。ソヴィエト共産主義に関して早い時期に現れた洗練された分析のひとつに、経済学者であった福田徳三によるものがあった。慶應義塾大学の教授である福田は公けに影響力のあった知識人であり、政府顧問であり、マルクス主義、とりわけその経済思想に関する最初の専門家であった。黎明会における一連の講義の中で、福田は、帝政ロシアが急速かつ不均等な工業化の過程を突き進んでいることを正しく指摘した。しかしながら、第一次世界大戦と専制政治の失敗は帝政ロシアにおける近代化政策の矛盾を露呈させてしまった。ツァリーズムはまさに打倒された。なぜならば、それは近代化への桎梏となったからだ。今や、ロシアの近代化の完遂がボリシェヴィキの目的となった（福田一九二〇）。

大正時代の知識人らはもちろん、理念やイデオロギーに関心を寄せていた。十月革命と明治維新の名目上およびイデオロギー上の目標は大きく異なっていた。十月革命は階級闘争に基づき、国内のブルジョワ階級を一掃し、労働者たち自身が自らの運命を決めるマルクス主義革命であった。大正時代の知識人は、もちろん共産主義イデオロギーに注意を払っており、激論が交わされた。それゆえ、一九二〇年代半ばまでに、知識人の世界観は完全に変わってしまった。左翼は過激化し、若く弛むことのない学生らを自らの運動に引き込む一方で、反対側、つまり保守派やリベラル派は日本社会が共産主義に影響されてしまう可能性を懸念していた。リベラル派および保守派は共産主義の最も危険な点は階級闘争の扇動である、と警告した。共産主義に対抗するため、リベラル派は普通選挙を呼びかけ、保守派は伝統的価値観の強化を訴えた。福田徳三はロシア革命が日本に及ぼした影響について以下のように述べている。「日本は幸運にも急速な工業化を遂げた。しかし、日本においては古いものと新しいものの対立はそれほど激しいものではなく、国の発展も着実で、経済生活は健全であった。日本国民の考えはロシアのそれとは根本的に異なっており、ボリシェヴィキの考えが日本で進展をみる要素は何もない」（福田一九一九／一九七八、一三二～一三三頁）。

福田は共産ロシアと帝国日本の違いを明らかにし、その違いを君主制に見出した。福田は日本の国民統合の骨格は、何物にも、誰の手によっても変えることのできない君主制の伝統（国体）である、と主張した。こうして福田は、階級闘争が日本でも激化すると見る考えを退けた。共産主義は日本人の思考様式とは両立不可能であるだけでなく、近代日本社会は階級闘争の破壊的展開を避けることを可能とする健全な社会であるとした。さらに福田は、私有財産制の廃止は産業の崩壊を招くうえ、資本主義制から利益を得るのに慣れた人々が資本主義制に立ち向かうことはありえないので、共産主義は日本には決して根付かないと主張した。それゆえ福田は、日本でのマルクス主義の人気の興隆を重要視しなかった。共産主義の理念を知るのは少数の若き理想主義的な知識人だけであり、未組織労働者らは急速な経済成長を気にかけるだけである、と彼は多くの大衆向けの出版物にて主張した。

福田はさらに、ボリシェヴィズムの国際主義の主張を単なる誤謬と指摘した。彼は、国民国家の時代においては、個々人は常にそして不可避的にネイションの枠組みでものを考える、つまり、超国家的な連帯を作ろうとする共産主義者の願望は非現実的であるというだけではなく、ボリシェヴィキの当時の民族政策や海外の民族運動に対する支持は「国際主義」の主張を弱めてしまう、というのである。

福田は、日本におけるマルクス主義およびソヴィエト共産主義の人気の高まりにいち早く対抗した人物だったことになる。日本の社会主義運動には長い歴史があったが、一九一〇年の大逆事件以降はわずかに生き残るのみであった。十月革命ののち、日本の社会主義運動は復活し、日本の近代国家および資本主義の発展に関する理解に大いに関与した。著名な社会主義者であった山川均は、一九二一年に、日本共産党のマニフェストを起草した。その中で彼は、一八六八年の明治維新はブルジョワ民主主義革命であり、日本の資本主義発展の基礎を据えたと主張した。明治維新は実はブルジョワ革命であったという山川の主張は、明治維新の本質に関する一〇年にわたる議論の始まりを画し、一九二〇年代末の日本の資本主義に関する数々の大きな論争（日本資本主義論争）において絶頂を迎えた。山川は、江戸時代の日本経済は近代資本主義の発展に道を開くものであったという考えを支持し、ゆえに、明治維新の後に外国の資本主義と日本の封建主義が融合して大いに矛盾した経済社会・政治のシステムを作り上げた、という考えを否定した。

山川は日本が着実にさらなる民主化へと向かっていることを確信していた。第一次世界大戦後、日本の産業と貿易は堅実に成長し、新世代の資本家層はさらなる政治的権利を要求し、既存の政官軍体制とは距離を置くようになっていった。後年、山川は、日本では近代資本主義国家は明治ブルジョワ資本主義革命の完成を伴って最終的に誕生したと主張した。原敬が平民として最初の首相になり、政党政治の支配が確立されたことは、山川にとってブルジョワ民主主義政治勢力が日本において確固として確立されたことの証左であった。この新たな発展で、日本が西洋先進諸国と同じレベルにまで到達したと彼は考えた。

しかし山川の主張は、日本がソヴィエト・ロシアよりもさらに高次の発展段階にある、ということでもあった。ロシア革命の普遍性および適用可能性に関する問題について、大正時代の左派は、ブルジョワ民主主義革命が日本では明治維新の形をとり、ロシアのよりもはるかに前に起こっていた、と指摘した。それゆえ、日本の社会・政治的変革はロシアの革命モデルを模範とすべきではない。明治維新は実は日本の次なるステージ、社会主義社会への進化的（革命的ではない）移行の準備段階であったのである。

ソ連において、明治維新が当然のようにマルクス主義の歴史理解に沿って理解されていたことは興味深いことである。一九三三年から一九八〇年代にかけてのソ連では、明治維新理解のスタンダードは未完のブルジョワ革命というものであった。服部之総の『明治維新史』（一九五四年）は一九五九年にロシア語に翻訳されている。明治革命（the Meiji Revolution）は封建社会から資本主義社会への移行であるとする服部の解釈はソ連の教科書に掲載された。「明治維新（Meiji Restoration）」というフレーズは決して使われることはなかった。この言葉は、一九九〇年代になってようやく、英語文献の翻訳で使われるようになる。

おわりに

共産主義イデオロギーは重大視され、日本政府および左右の知識人はそれに大きな注意を払っていた。しかし、ソ連の国家建設は海外の観察者に対し、明確なメッセージをもたらすものではなかった。国の再建のために、ソヴィエト体制は国内における近代化と工業化に専心するようになった。一九二一年の新経済政策（ネップ）で、ロシアに「資本主義的」諸関係が復活した。一九二四年のレーニンの死、さらにスターリンの台頭の後、ソ連の政策はさらに内向きになり、国内の近代化に集中した。五か年計画とスターリンの「一国社会主義」の教義――社会主義はまずロシアで建設されなければならず、世界革命路線は放棄しなければならない――はこの傾向の好例であろう。

一九二〇年代の中頃までには、ソ連は帝政ロシアと同じ領土を回復し、その領土に対する「帝国的」権益を確保するために国際政治に関与するようになった。そのため、世界プロレタリア革命の目標にもかかわらず、資本主義諸国と協定を結んだ。ボリシェヴィキは、革命初期に失った東清鉄道の帝政時代の権益を回復することに努めた。一九二一年、赤軍は外モンゴルに対する影響力を獲得した。ようやく、ロシア内部で起こっていることは国際共産主義のイデオロギーとは異なるという理解が、日本のその左派の間ですらも一般的となった。左派でない人々にとっては、ソ連の内外政策の展開は共産主義やその国際主義の根本的な誤謬や幻想の証左でしかなかった。ソ連の国家建設においては、なんであれ国家の利益が第一であり、優先事項であったということが証明されたのである。ボリシェヴィキは維新志士らと比べてナショナリストでなかった、とはいえないのである。

結局、大正時代のロシア革命理解は明治維新理解に強く影響されていたのである。つまり、日本人は明治維新を近代化、ナショナリズム、そして外国勢力の進出を阻止するための革命として理解していた。ロシア革命も、彼らから見ると、同じ目標をもった闘争であった。つまり、近代化と強力な国民国家建設のための革命だったのである。驚くべきは、明治維新と十月革命を一括りにすることを通じて、共産主義イデオロギーが重要なものとは見なされなくなった、ということである。

参考文献

内田康哉、小林道彦ほか編『内田康哉関係資料集成　第三巻』柏書房、二〇一二年
外務省百年史編纂委員会編『外務省の百年（上）』原書房、一九六九年
菊地昌典『ロシア革命と日本人』筑摩書房、一九七三年
富田武『戦間期の日ソ関係――1917-1937』岩波書店、二〇一〇年
富田武「ロシア革命と日本人――一世紀前どう報じられ、受けとめられたか」『思想』一一一九号、二〇一七年
服部之総『明治維新史』岩波書店、一九五四年
原暉之『シベリア出兵――革命と干渉 1917-1922』筑摩書房、一九八九年
福田徳三「正しき理解を要す」『大正大雑誌』流動出版、一九一九年、復刻版一九七八年
福田徳三『黎明録』大鐙閣、一九二〇年
細谷千博『シベリア出兵の史的研究』（岩波現代文庫）岩波書店、二〇〇五年
Linkhoeva, T., *Revolution Goes East: Imperial Japan and Soviet Communism*, Ithaca: Cornell University Press, 2020.
Hosoya, Chihiro, "Japan's Foreign Policy toward Russia," in *Japan's Foreign Policy, 1868-1941: A Research Guide*, ed. James W. Morley and James B. Crowley, New York: Columbia University Press, 1974.

Послание Президента Федеральному Собранию, 12 декабря 2012 года (http://kremlin.ru/events/president/news/17118).
Presidential Address to the Federal Assembly, December 1, 2016 (http://en.kremlin.ru/events/president/news/53379).

（冨田健司 訳）

第Ⅲ部　押し寄せる近代

第7章　接続される海
――幕末の九州、瀬戸内海、日本

後藤敦史

はじめに

明治維新の歴史を九州から語る、という試み自体は、それほど目新しいことではない。九州には、薩摩藩や佐賀藩といった、明治維新で大きな役割を果たした藩がある。しかし、（期待している読者には申し訳ないが）本章では、薩摩藩の藩士たちがどう活躍したか、佐賀藩の科学技術がどう役に立ったか、といった類の話は出てこない。

むしろ本章で着目をしたいのは、それらの藩もひっくるめて、九州という島が、幕末の日本列島を取り巻いていた国際環境の中に、どう位置づくのか、という点である。

ただし、付け加えると、本章は九州の陸地ではなく、まわりの海に注目をする。海は陸地と違って、際限がない。「江戸の日本橋より唐、阿蘭陀《おらんだ》まで境なしの水路なり」とは、林子平が著した『海国兵談』（一七八六年脱稿／岩波文庫、一九三九年）の有名な一文であるが、まさに海は「水路」として、世界各地を結びつける。このような特質を踏まえて、本章は九州と、さらに瀬戸内海にも注目をしたい。詳細は本論のなかで述べていくが、九州から瀬戸内海を通じて、開港地の横浜と長崎を往来する航路が、幕末の重要な航路のひとつとなったからである。

それでは、日本が開港した幕末、一九世紀の中頃の時期において、九州の海や瀬戸内海はどのような歴史的役割を果たしたのであろうか。この点について考えたい。

一　開港と水路情報

幕末の長州藩といえば、尊王攘夷運動の筆頭というイメージが強いが、一八六〇年代初頭の長州藩は、積極的な通商政策を軸に周旋をおこなおうとしていた。一八六一（文久元）年に藩士長井雅楽《うた》によって提唱された『航海遠略策』は、積極的な貿易活動によって国力を高めるということを主眼とした外交策である。国力が高まった暁には、「皇威」を世界に広めようという壮大な構想であったが、結果的には、過激な攘夷を唱える者たちによってしりぞけられ、長井は失脚し、切腹を命じられることとなった。

このように長州藩の歴史を知る上でも重要な史料だが、ここでは、長井が『航海遠略策』の中で、九州について次のように言及している箇所を引用する。

彼れは航海に熟し、利器を以て数万里の海路を不日に駛行《しこう》し、且つ数十年航海を業と仕り候国柄に候えば、船数に富み、殊に近年は皇国の海路に熟し候事故《ことゆえ》、戦争と相成候はば、要津《ようしん》に出没し、府城を剽掠《ひょうりゃく》仕り候は必然に候（中略）仮に九州を以て譬《たと》へ候へば、纔《わず》か四、五艘の軍艦を以て、朝《あし》たには東し、夕べには西し、或は海浜に大砲を発し、或は海辺の民屋に放火し、浅く働いて軽く引き候はば、陸路の将士、奔命《ほんめい》に労《つか》れ、我に追討すべき軍艦乏しく、切歯扼腕《せっしやくわん》のみにて手を束ね、彼れに致さるるの外、定策これ無く、恐らくは九州数百万の士民、僅《わずか》に四、五艘の夷艦に羈縻《きび》せられ…（『日本思想大系　幕末政治論集』岩波書店、一九七六年）

やや長めに引用をしたが、確認していくと、長井は欧米諸国が航海に熟練し、とくに近年は日本の「海路」にも通じているため、戦争となれば、すぐに要地をおさえられると懸念する。その例として九州を挙げているのであるが、長井の予想によれば、欧米諸国の艦船はわずか四、五艘で、容易に九州を制圧できるという。彼が強い危機意識を抱いていたことが分かる。

しかし、果たして長井の予想は、どこまで当時の現実を反映していたのだろうか。ここで気になるのは、欧米諸国の艦船が「皇国の海路に熟し」ていた、という点である。

林子平がいう「水路」も「海路」と同様の意味であるが、先ほどの彼の主張に即して指摘しておくと、海を通じて日本と海外がつながっていたとしても、それはすぐに欧米諸国の船が日本にたどり着けるということを意味しない。水路情報という言葉もあるように、船舶が安全に水路を進むためには、測量にもとづいた海図や水路誌などの保有が必要となる。水路情報なしに船舶を進めるのは、座礁事故などの危険に自ら身をさらすに等しい。果たして欧米諸国は、一八六一年の段階で、日本に関してどれほどの水路情報を有していたのだろうか。

一八五九年七月（本章では月日もすべて西暦表記）、前年の通商条約にもとづいて横浜、箱館、長崎が開港となった。この開港をうけて、欧米諸国の艦船は日本近海の測量を積極的におこなうようになる。しかし、日本近海の測量は、一朝一夕でおこなえることではない。一八六一年三月の時点で、ロシア海軍中国海域艦隊司令長官リハチョフが、箱館の領事ゴスケヴィッチに対し、「日本沿岸の地図はごくわずかな例外を除いて全く存在しておりません」（『幕末外国関係文書』四九巻、東京大学出版会、二〇〇三年）と述べている。『航海遠略策』と同じ一八六一年において、少なくともロシア人たちは、信頼に足りる日本沿岸の地図を持ち合わせていなかった。

ここで、【図1】を確認したい。これは、一八五五年一〇月にイギリス海軍の水路部が刊行した朝鮮半島および九州の地図である。この地図は、一八六一年に日本沿岸を測量したイギリス艦アクタイオン号に測量士官として参加していたブレイクニーという人物が著した『中国と日本の沿岸　四〇年前（*On the Coasts of Cathay and Cipango: Forty Years Ago*）』（一九〇二年）という本の中で紹介されている地図である。ブレイクニーによれば、アクタイオン号が一八六一年に測量を実施した時点で、図1のような地図しか手元になかったという。もう少し詳細に述べると、図1の九州、朝鮮半島の地図は、一八五五年にイギリス海軍水路部が刊行した日本沿岸および朝鮮半島沿岸全体の地図の、九州と朝鮮半島南岸を拡大したものであるが、そのもととなった日本沿岸、朝鮮半島については、ロシアのクルーゼンシュテルン探検隊の成果として刊行されたアトラス（地図帳）の、一八二七年版に主にもとづいていた（保柳一九七四）。日本が開港した時点で、イギリスとしては約三〇年前の成果をほぼそのまま利用していたのであり、九州の形を見ても分かるように、船舶の運航に用いる海図としては、不十分なものであったといえる。

そのため、開港後には、欧米諸国の船の海難事故も少なからず発生した。神谷大介氏の研究を参考にすると、一八五九年から六七年の間に、史料上、三五件の海難事故が確認できるという。その中で、最も多い国が、最大の貿易相手国でもあったイギリスで、また海難事故の発生場所としても、最大の貿易港横浜を擁する江戸湾が多かった。一方、九州では、一八六五年の肥前国五島沖の一件、一八六六年の種子島沖と薩摩国沖での二件があり、これらの計三件はいずれも沈没事故であった（神谷二〇一五）。

水路情報を十分に有しない一方で、貿易は開始されており、欧米諸国が事故を防ぐために採ったひとつの方策が、日本の水路に慣れた日本人を水先案内人として雇うということであった。吉岡誠也氏によれば、

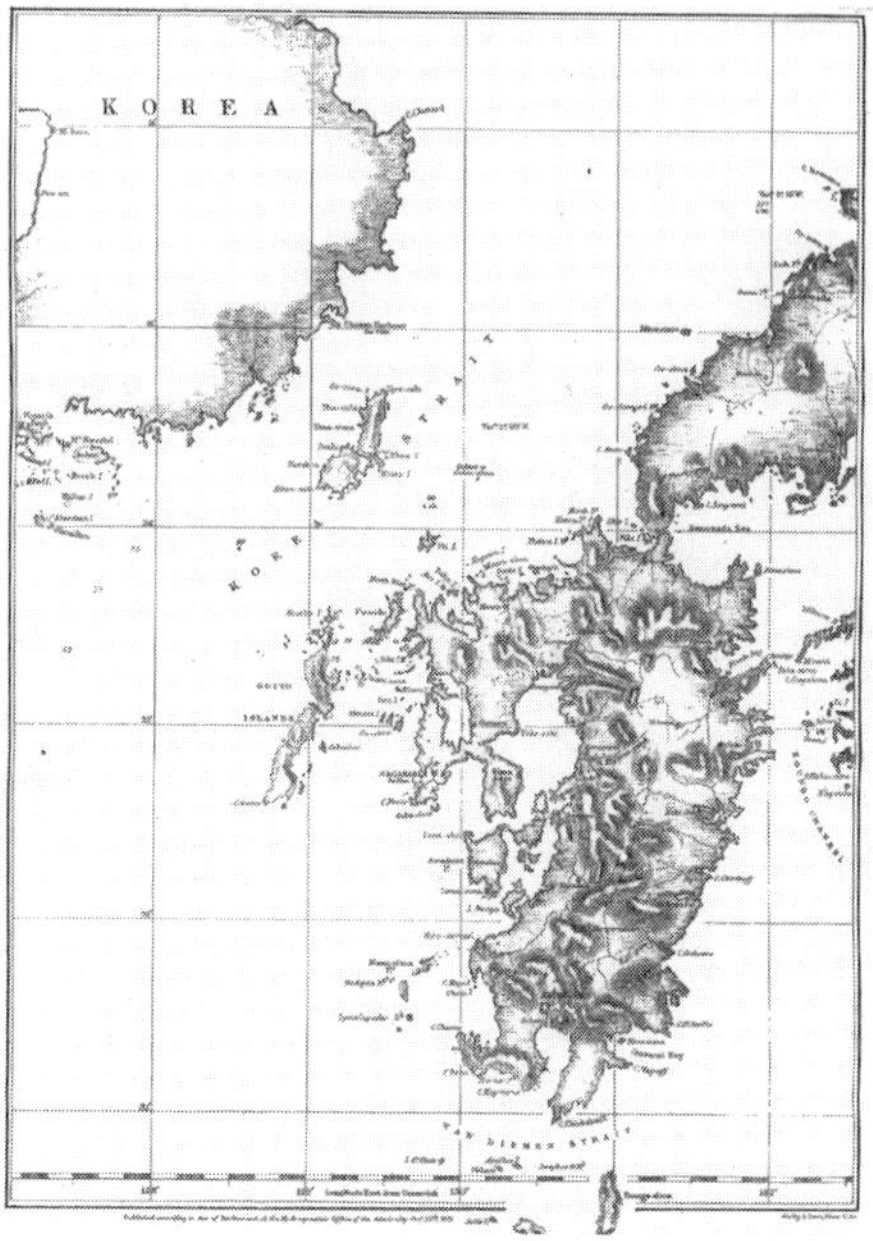

【図1】九州の海図
（Blakeny, *On the Coasts of Cathay and Cipango: Forty Years Ago*, London, 1902 より）

開港地間の横浜〜長崎を航行する際には、風波の影響を受けにくい瀬戸内海を通る航路がよく利用され、水先案内人についても、瀬戸内海沿岸部出身の者がよく雇われていたという（吉岡二〇一八）。ただし、日本の船と欧米の船とでは、構造の違いもあり、日本の水先案内人の経験知が確実に信頼できたというわけでもない。一八六〇年と六一年の二度、来日したイギリスの植物採集家ロバート・フォーチュンは、水先案内人付

きのイギリス船に乗じて瀬戸内海を通過したひとりであるが、彼は「水先案内人の知能を信用していなかった」と述べる。現に、彼の乗る船は下関海峡の付近で一度座礁をした（フォーチュン『幕末日本探訪記』講談社、一九九七年）。

これらの点から考えると、『航海遠略策』で長井が述べたような、欧米諸国が一八六一年の時点で「皇国の海路に熟し」ていたと評価することは難しい。とはいえ、現代の観点から、長井雅楽が抱いた危機意識を杞憂であると片づけてしまうのは、まったく生産的ではない。むしろ大事なことは、長井が抱く危機意識と、当時の日本を取り巻いていた国際環境の現実とのギャップを明らかにすることであろう。そうすることで、長井をはじめ、当時の人々が抱いた国際認識と、当時の国際環境の実態が比較可能となる。こうした作業のひとつの試みとして、以下、欧米諸国が日本の水路にどのように「熟し」ていったのか、という過程をたどりたい。

二　長崎における海軍伝習と測量

近世日本の幕府の対外的な窓口であった長崎は、幕末の開港以前から、西洋人たちによる水路情報の収集が試みられていた。

たとえば先に名前をあげたクルーゼンシュテルンは、ロシアが派遣した世界周航探検隊を率いた人物であるが、日本史とのかかわりでいえば、彼の探検隊は一八〇四年に長崎を訪問したロシア使節レザノフを運ぶ役割を果たした（森永二〇〇四）。長崎に来航したクルーゼンシュテルンは、同港の測量を実施している。彼は航海記の中で、長崎が「二世紀半以来」の西洋人による訪問を受けながら、「経緯度の正確な数も、況《ま》してその地図も与えられて居ない」と述べる（『クルウゼンシュテルン日本紀行』上巻、雄松堂、一九六六年）。彼は、長崎を退去した後も、日本の各地の測量をおこなった。【図2】は、クルーゼンシュテルン探検隊の成果として刊行されたアトラス収録の長崎港の海図である。なお、このアトラスに収められた日本列島の地図は、一八〇六年と一八〇七年に生じたロシア海軍士官らの樺太・択捉島襲撃事件の際にロシアへ流出した、地理学者・長久保赤水《せきすい》による「改正日本輿地《よち》路程全図」（一七七九年）が元図になっていた（小林ほか二〇一九）。日本で作製された地図が基礎となったクルーゼンシュテルンの成果は、その後、一九世紀前半を通じて欧米諸国の日本に関する地理情報の標準となった（Kobayashi 2015）。

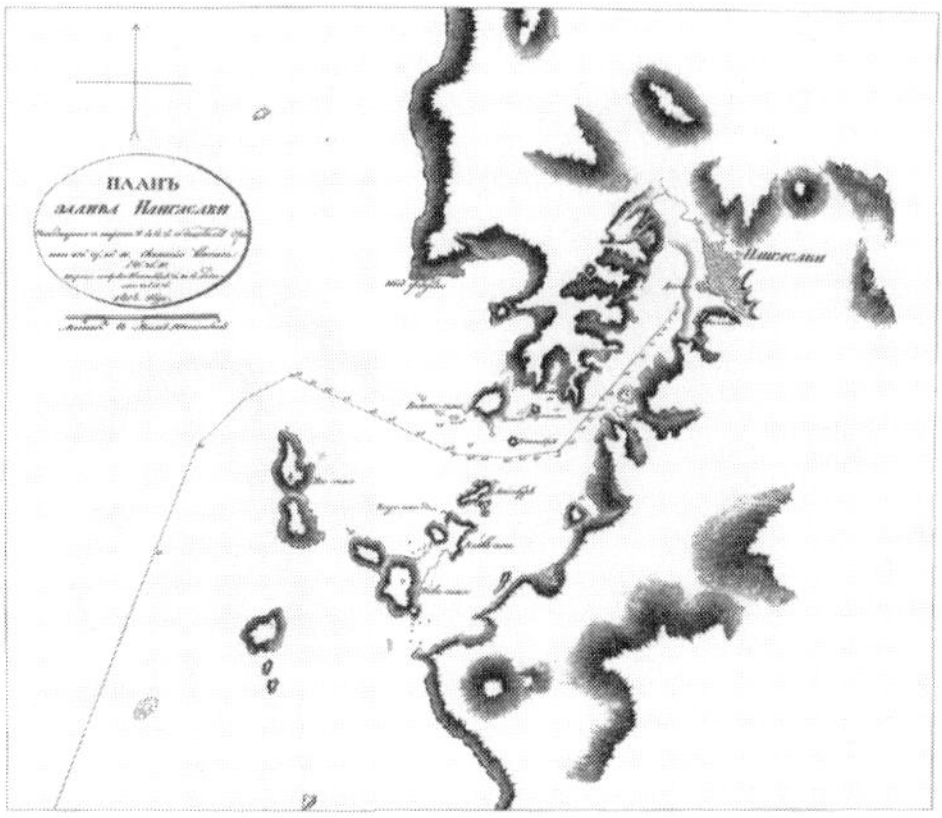

【図2】クルーゼンシュテルンによる長崎海図
（クルーゼンシュテルン『世界周航記』天理大学附属天理図書館蔵／『天理図書館善本叢書　洋書之部　クルーゼンシュテルン周航図録』天理大学出版部、1973年より）

正確な海図作製の前提となる経度、緯度の測定に関しては、長崎オランダ商館付医師として一八二三年に来日したシーボルトも実施している。彼は長崎に限らず、江戸参府に際して日本の各地で経緯度の測定をおこなった。シーボルトといえば、天文方高橋景保と日本地図などの交換をおこなったことが露見し、一八二八年に国外追放を受けたことで知られるが、帰国後に刊行された大著『日本』や、一八四〇年にライデンで刊行された日本地図を通じて、伊能忠敬の測量にもとづく成果が、西洋社会に紹介された（金窪一九九八）。しかし、伊能の成果が西洋社会に浸透するには、長い年月を要したという（保柳一九七四）。

その後の長崎の測量に関しては、一八四五年八月に来航したイギリス艦サマラン号による測量があげられる。アヘン戦争（一八四〇〜一八四二年）後、イギリスは利権の拡大のためにも東アジア海域の測量活動を強化した。サマラン号の測量はその初発の事例にあたるが、日本で測量をおこなう、ということ自体は、イギリス本国の意向ではなく、同号艦長ベルチャーの独断であった（ビーズリー二〇〇〇）。

ベルチャーによれば、長崎では、彼の予想よりも順調に作業が進んだという。長崎奉行が本気で制止しなかったのは、アヘン戦争の情報を機に、幕府が一八二五年以来の異国船打払令を廃止し、穏健な対応を基本にしていたことも影響していたであろう。ベルチャーの航海記には、長崎周辺には予想以上に危険な岩礁が多いことが判明した、という旨が記されている（Belcher, *Narrative of the Voyage of H. M. S. Samarang*, Vol. 2, 1848）。彼自身、長崎をはじめ、日本の水路情報が不十分であることを痛感したのである。

欧米諸国による、九州周辺の本格的な測量としては、一八五五年以降、オランダ人教官たちにより長崎でほどこされた海軍伝習における、実習の一環としての測量がある。長崎海軍伝習所では、水路測量の技術についても教授がおこなわれた。

この長崎海軍伝習所で、伝習第二期の教授として一八五七年に赴任したのが、カッテンディーケである。彼は、後に咸臨丸と改称されるヤーパン号を指揮しながら来日した（藤井一九九一）。そのカッテンディーケの指導の下、一八五八年の間に、伝習生の航海実習を兼ね、咸臨丸による九州周航が五回にわたっておこなわれた。その際には、「訪れる港は残らず測量をなし見取り図を作った」という（『長崎海軍伝習所の日々』平凡社、一九六四年）。長崎での海軍伝習を通じて、九州全体の水路情報が収集されたのである。

しかし、九州に関して、満遍なく十分な測量ができたかといえば、そうではない。咸臨丸が長崎の港を出て、伊王島に寄り、島内を調査しようとした時、「御目付役と思われる一人の役人」によって、「我々の計画は止めた方がよかろうと忠告された」という。伊王島には佐賀藩の砲台があり、「無暗にそのような所にはいって藩と争いでも起こしては、困る」からだという（同上）。対馬では、測量は実施できたものの、対馬藩主との接見は拒否された。その一方で、薩摩藩主島津斉彬からは、歓待の姿勢が示された。

このようにカッテンディーケは、藩によって咸臨丸への対応が異なることを知り、藩領における藩主の権限の強さに気が付くこととなった。彼は、こうした藩主の権限の大きさを、日本の国家制度の「弊風」ととらえた。日本というひとつの国家として、「単一の利益を代表する」ような行動が取れなくなってしまうからである（同上）。この「弊風」は、少なくとも欧米諸国が日本近海の水路測量を収集する上では、確かにひとつの障害となった。

三　接続される九州・瀬戸内海の航路

一八五四（安政元）年の日米和親条約により、下田と箱館が開港と定まると、外国の商人の中には、一攫千金を求めてさっそく日本に来るという者たちもいた。一八五五年、ドイツのハンブルクの商船グレタ号に乗って箱館に来たリュドルフも、そのひとりである。しかし、まだ開港地までの航路も十分知られていない中、「どの海図も、大ていの島が不精確に表わされているので、危険きわまる航海」であったとリュドルフは述べている（『グレタ号日本通商記』雄松堂、一九八四年）。

一方、日米和親条約によって日本の開港が決まったことで、北太平洋海域一帯の測量のためにアメリカ海軍が派遣していた北太平洋測量艦隊が、日本近海の測量のために来日した（以下、後藤二〇一七）。この測量艦隊を率いたジョン・ロジャーズは、一八五四年一二月にまず鹿児島湾の山川を訪れ、いったん中国に戻った後に再び来日し、一八五五年五月に下田を訪れた。また、六月には箱館へ行き、そこから蝦夷地の沿岸を測量しながら、北方の海域に向かった。

さて、測量の目的は、安全な航海を保障することにあり、そのためには、港湾の測量に加え、各港を結びつける航路の測量も重要となる。そのため、ロジャーズ率いる測量艦隊は、開港地である下田と箱館の間の、東北地方の太平洋岸と津軽海峡の測量も実施している。ロジャーズは、ペリーが果たした条約による開港地を航路で結びつける役割を果たしたのである。

なお、一八五四年一二月に鹿児島湾を訪れたロジャーズは、その港湾としての可能性にも着目をした。アメリカ海軍天文台のモーリーに、鹿児島が港湾としてすぐれていることを報じている。しかし、薩摩藩はロジャーズらの上陸を拒み、十分な測量を実施することはできなかった。アメリカ測量艦隊は、下田から箱館への航路測量をはじめ、主に東日本や日本海側の測量を遂行し、九州など、西日本側の測量については課題として残されることとなった。

その残された課題を達成するために、アメリカ海軍は一八五八年、測量艦フェニモア・クーパー号を派遣した。艦長は、ジョン・ブルック。のちに幕府の遣米使節団が乗る咸臨丸の航海を手助けした人物であるが、彼はもともと、日本近海の測量を目的に来日したのである。琉球から種子島を経て、一八五九年七月、ブルックは鹿児島を訪れた。ブルックはロジャーズ測量艦隊で果たせなかった薩摩の沿岸の測量をおこないながら、日向国に向かい、外浦港《とのうら》（【図3】参照）などを測量しながら豊後水道のほうへと船を進めた（Brooke 1986)。

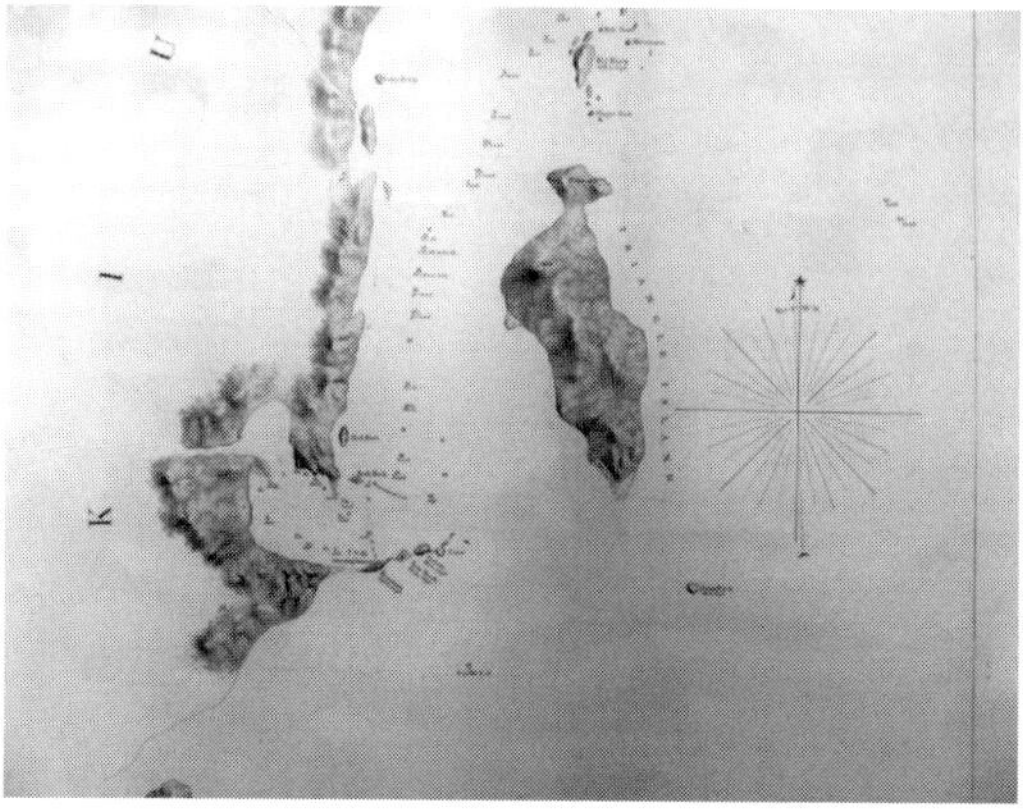

【図3】ブルックによる外浦港海図
真ん中は大島（アメリカ国立公文書館所蔵）

その後、フェニモア・クーパー号は、四国の南側を通過し、日米修好通商条約で開港となった横浜に進むという航路をとったが、その際、ブルックに瀬戸内海を通じて兵庫にも行けるということを伝えたのが、「ティム」とブルックたちから呼ばれていた日本人であった（同上）。ティムは、淡路国出身の政吉という人物であり、ハワイのホノルルからクーパー号に乗ることになった漂流民であった。政吉はブルックたちの水先案内を務めながら、無事に帰国を果たしたのである（『万延元年遣米使節史料集成』五巻、風間書房、一九六一年）。

結局、ブルックらは瀬戸内海を航行しなかったが、先にも述べたように、一八五九年以後、開港地の長崎と横浜を往来する船の多くが、水先案内人を雇って瀬戸内海を通過した。外国の商船にとって、長崎から九州南端、そして四国南岸を経て横浜にいたるルートは、早く目的地に到着できるというメリットがある一方で、強風や、流れの強い黒潮など、危険もともなった。先にも名前をあげたフォーチュンが述べるように、波も穏やかで、風光明媚な景色を楽しむことのできる瀬戸内海の航路のほうが安全だったのである（前掲『幕末日本探訪記』）。

これをもう少し空間的に広くとらえると、東アジア全体での商業的な利益をはかる欧米商人たちにとって、中国の開港地と、日本の開港地を結びつける上で、九州の海と瀬戸内海は、まさにその結節点としての役割が期待されていた。現に、一八六一年に瀬戸内海を測量しながら進んだイギリス測量艦アクタイオン号艦長ウォードは、一八六〇年一二月、中国分遣艦隊司令長官ホープに宛てた公信の中で、上海と日本の間で貿易をおこなっている者たちが、周防灘や瀬戸内海に着目をしている、と報じている（ADM125/6, イギリス国立公文書館所蔵）。欧米諸国にとって瀬戸内海の測量は、東アジア全体での貿易の利益に密接に結びつく課題となっていた。

しかし、その瀬戸内海の航路や、九州の海を測量する上で、カッテンディーケが考えた幕藩体制の「弊風」が問題となってくる。一八六一年八月から一一月にかけて、日本沿岸の測量を実施したイギリス測量艦アクタイオン号が、まさにその問題に直面するのである。

アクタイオン号は、ダブ号という船とともに、東アジア海域の測量を目的に派遣された（以下、後藤二〇一六、二〇一八）。イギリスのポーツマスを出発したのは、一八五六年一一月のことである。しかし、一八五七年八月に香港に到着すると、第二次アヘン戦争に徴用され、一時的に本来の任務である測量事業を中断させることになった。一八五九年五月に再び本来の任務に戻り、同年中に、新潟をはじめ、日本海側の測量を実施している。さらに、翌六〇年一〇月、イギリスの駐日公使オールコックを通じて、アクタイオン号やダブ号による日本沿岸の全体的な測量の許可が幕府に求められた。当初、幕府は拒否しようとしたが、翌六一年七月に生じた東禅寺事件（元水戸藩士たちの英国公使館襲撃事件）を機にイギリス側の圧力が強まったこともあり、幕府は日本沿岸測量の許可に転じた。その結果、同年八月から一一月にかけて、アクタイオン号とダブ号、そしてレベッカ号という三隻の艦船により、横浜から本州太平洋岸～紀伊沖合～瀬戸内海を経て、長崎にいたる航路の測量が実施されたのである。

しかし、先の東禅寺事件もそうであるが、日本国内で攘夷意識が高まっている中で、大名領も含めて沿岸全体を外国船が調査をおこなうという事態は、幕府としても何とか避けたかった。そのため、幕府はあえてイギリスの艦船に幕臣たちを同乗させ、彼らを通じて各地で事情説明をおこなわせ、できる限り国内の反発をおさえようとした。また、イギリスの国旗とあわせて、日の丸の旗も掲げさせて、幕府の事業であることを演出しようとした。

それでも、大名たちの反発を完全になくすことはできない。測量に同行した幕臣荒木済三郎《せいざぶろう》の日記（『続通信全覧』類輯之部船艦門、アジア歴史資料センター）には、彼がイギリス人たちに、大名領に上陸しないよう注意をしている場面が繰り返し見受けられる。しかし、イギリス人たちにとっては、どこが幕領で、どこが大名領かは、判断がつかない。また幕臣たちも日本の地理に精通しているとは限らず、たとえば地名を聞かれても答えられないということがあった。荒木はこのような不都合を解消するため、急遽、伊能忠敬の地図の提供を幕府に求め、かつそれをイギリス人たちに示すことにした。アクタイオン号による測量で、伊能忠敬の地図がイギリスによる精緻な海図作製に大きく貢献したことが、地図の歴史でも知られているが（保柳一九七四、金窪一九九八など）、その伊能図の提供の背景には、大名の反発をおさえたいという幕府側の思惑が密接に関わっていたのである。

しかし、いくら上陸を回避させたとしても、大名領の目の前の海岸に外国船が姿を現すということに違いはない。幕府がとくに気にかけたのが、西日本の大名たちの存在であった。荒木はアクタイオン号艦長のウォードに対し、「四国九州辺諸大名、折合も」よくないという理由で、測量の自粛を求めている。意外なことに、ウォードはこの要請を快諾し、四国から九州にかけては簡単な測量で済ますと回答をしている。ウォードは日本沿岸の測量の後に香港に戻らなければならず、測量の遅延につながるような日本国内の混乱を避けようとしたと考えられる。

荒木の日記によれば、八月一四日に神奈川出帆の後、一一月四日に淡路国の由良港に投錨するまで、一か月半をかけて測量しながら進んでいる。しかしその後、瀬戸内海から下関海峡を経て、長崎に到着したのは一一月一八日で、約二週間で通過をしている。この測量に用いた時間の差からも、瀬戸内海から九州にかけての測量が簡単な作業にとどまったことがうかがえる。

四　瀬戸内海封鎖の可能性

一八六〇年代の初頭は、東禅寺事件など、日本国内で攘夷事件が多発した。欧米人たちは、このような事態にうまく対応できない幕府への不信感を強める一方で、自らの手による報復措置の検討もおこなっていた。その報復措置が具現化したのが、生麦事件（一八六二年）に対する薩英戦争（一八六三年）であり、また、下関海峡を通過する外国船への長州藩の砲撃（一八六三年）に対する、英仏蘭米の四国艦隊による下関砲撃（一八六四年）といえよう。

さて、九州や瀬戸内海など、西日本の水路情報を十分に把握していない、という状況は、これらの報復措置にも、少なからぬ影響を与えている。たとえば、一八六三年八月に戦われた薩英戦争では、鹿児島城下の多くを焼きはらったイギリス側の圧勝に終わるのだが、英艦ユーリアラス号が薩摩藩側の激しい砲撃にさらされ、同号艦長らが即死するなど、大きな被害もこうむった。この薩摩藩の砲撃に関しては、イギリス側が鹿児島湾の水路情報を把握していなかったため、砲台の射程範囲に入ってしまった、という点が指摘されている（鵜飼二〇一四）。現に、イギリス側の艦隊を指揮した海軍中将キューパーは、「鹿児島湾についての正確な情報はなにも入手できておらず（中略）細心の注意を払いながら接近する必要がありました」と報じている（『外国新聞に見る日本』①本編、毎日コミュニケーションズ、一九八九年）。ユーリアラス号の事例が示すように、水路情報の多寡は、まさに戦闘の命運を左右し得るものであったといえる。

このユーリアラス号は、薩英戦争の前年、一八六二年九月一四日に横浜へ入港した軍艦である（以下、石井一九九三、保谷二〇一〇）。ユーリアラス号に乗じて来日したキューパーは、まさに日本に対する報復計画を検討するため、中国から派遣された人物であった。

さらにいえば、彼が横浜に到着した九月一四日とは、折しも生麦事件が発生した日であった。キューパーはすぐに報復措置に関する調査を開始し、一八六二年一〇月一六日付で中国分遣艦隊のホープに報告書を出している。それは、日本への報復として沿岸封鎖を検討したものであるが、彼が封鎖を実施する場合にねらうべき海域として選んだのが、瀬戸内海であった。それは、長崎、大坂、そして江戸を往来する日本

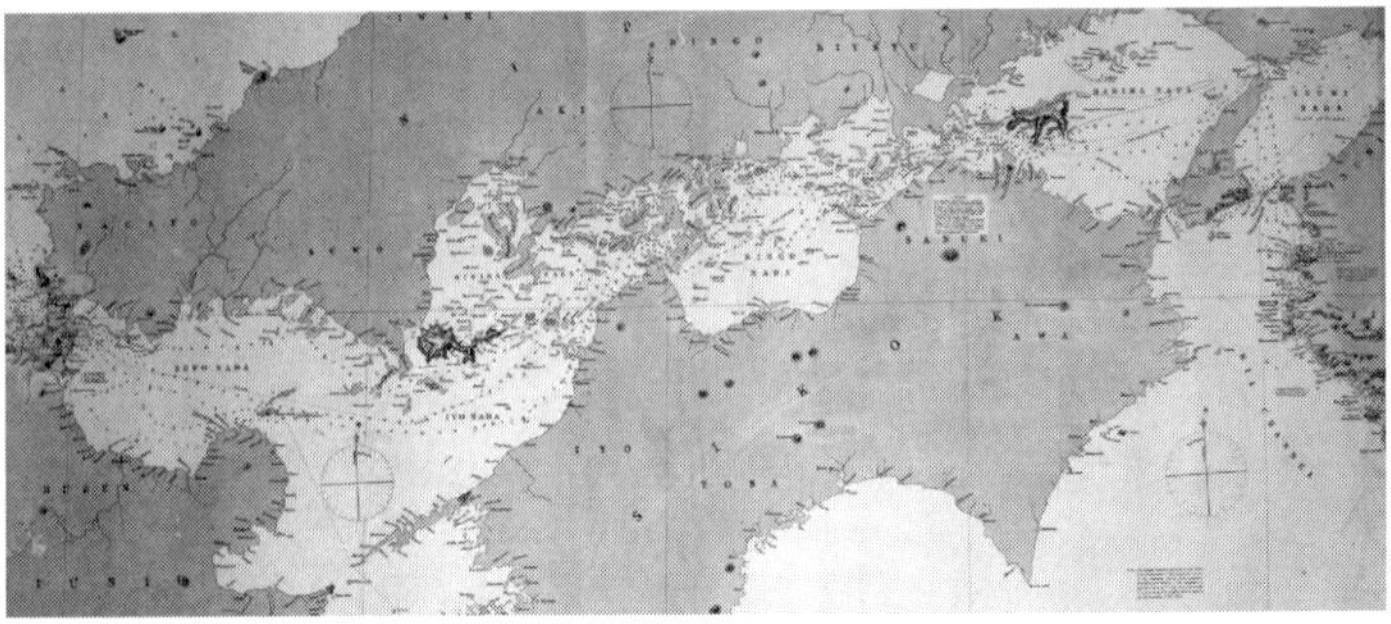

【図 4】イギリスによる瀬戸内海海図
(「海図 SETO UCHI ENGRANED By Dalves & Powell［瀬戸内］外国人実測図」、山口県文書館所蔵、文書番号：軸物類追 90)

の商船のほとんどが瀬戸内海を航行するという理由にもとづく。しかし問題は、瀬戸内海の水路情報の不足という点にあった。キューパーは「内海の無数の島々、水道は、今までのところ我々はほとんど情報を有しておらず、封鎖、つまり国内貿易の停止を非常に困難なものとしている」と述べている。このような問題点を踏まえて、喫水の浅い軍艦で、瀬戸内海を航行する日本の小舟を順次破壊していけば、「まもなく国内の通航が麻痺する程度」に日本経済を圧迫できる、というのが彼の封鎖計画の主眼であった(ADM125/117)。

この封鎖計画自体は、一八六三年六月に幕府が生麦事件の賠償金を支払ったこともあり、現実に発動されることはなかった。しかし、賠償金の支払いとあわせて、幕府が横浜鎖港の方針を示すと、イギリスをはじめ、欧米諸国の態度はまた硬化することとなった。条約に違反しようとする日本に対する報復措置の検討はその後も続き、一八六四年一月には、イギリスの陸軍少将ミッシェルによって、詳細な対日制裁の計画が立案された。その際にも、瀬戸内海の封鎖は、重要な作戦のひとつとして挙げられていたのである(保谷二〇一〇)。

折しも、一八六二年一二月には、アクタイオン号などの成果をもとにして、イギリス海軍水路局から「Seto Uchi」（瀬戸内）という表題の海図が刊行された（菊池二〇〇七）。【図４】は、その一八六三年改正版である。イギリス側で、瀬戸内海の沿岸封鎖を含めた報告措置が検討される中で、瀬戸内海の海図が刊行され、改訂が繰り返されていた。海図をはじめとした水路情報の蓄積の上に、欧米諸国による具体的な軍事計画が立てられていたのである。

おわりに

本章では、九州および瀬戸内海に着目して、一八五〇年代から六〇年代初頭にかけての欧米諸国による水路情報の収集と、それにもとづく対日外交の展開について、確認をしてきた。

幕末に日本に来た外交官たちは、その経験の中で、日本のいわば分権的な状況を知ることになる。日本という国家の主権として想定していた幕府が、実は、その想定よりも小さな権力しか有していない、ということに気が付くのである。オールコックは、幕府は「敵意をもった大名にひっぱられて、誠意のない行動に出」ているのだ、と感じた（『大君の都』下巻、岩波文庫、一九六二年）。このような日本の「封建的要素が、平和的な満足な解決のためのいっさいの進展にたいして、本当の障害になっている」と判断した。だからこそ、「満足な解決」のために、攘夷をかかげる藩を直接狙って撃つ、という報復措置にもつながっていくのである。

ところが、「封建的要素」が強いからこそ、九州をはじめとする西日本の、「敵意をもった大名」が多い地域の水路情報の収集には、困難が伴った。日本の経済においては、長崎〜瀬戸内海〜江戸を結びつける航路が主流となっており、対日貿易の振興のためにも、その航路の測量が重視されたのだが、アクタイオン号の事例が示すように、同海域の測量はなかなか思うように遂行できなかったのである。

本章では、海図作製の基にもなった日本の水路情報が、具体的にどのようなかたちで欧米諸国の対日外交や、あるいは軍事行動に影響を与えたのか、という点までは考察がおよばなかった。しかし、明治維新の歴史を考え直す上で、次の点は指摘できそうである。

まず、植民地化の危機にさらされた日本が立ち上がって近代化に努めた、というあまりに単純な「成功物語」からは、脱却する必要がある。植民地化の危機といっても、それは非常に抽象的なものとしてしかとらえられていない。実際には、すでに歴史学の諸研究によって、東アジア海域に配備されていた欧米諸国の艦船の数や、兵士の数なども明らかにされており、「ハード」の面で、具体的にどのような「外圧」が展開されていたのか、展開され得たのか、ということも議論されてきた。本章は、さらにそれらの艦船や兵士を動かすための、水路情報という「ソフト」にも注目をした。今後は、ハードとソフトをあわせて、当時の日本列島を取り巻いていた国際環境の実態を詳細に明らかにしていく必要がある。

また本章では、アヘン戦争、第二次アヘン戦争など、東アジアの動向にも留意した。第二次アヘン戦争によって測量事業を中断せざるを得なかったアクタイオン号の事例のように、水路情報の収集にも、東アジア全体の歴史が密接に関わっていた。このような点を踏まえることで、日本という一国の枠組みではなく、東アジア、あるいは世界という、空間的により広い枠組みや観点から、明治維新の歴史をとらえ直すことが可能となるであろう。

そして、広い観点で明治維新を見つめ直すためのひとつの方法として、本章は九州および瀬戸内海に注目をした。その試みが成功しているかは心もとないが、単なる「お国自慢」としてではない、九州からみた明治維新史像の構築に少しでも貢献できていれば、望外の幸である。

参考文献

石井孝『明治維新と自由民権』吉川弘文館、一九九三年
W・G・ビーズリー〈後藤春美訳〉「衝突から協調へ」、木畑洋一・イアン＝ニッシュ・細谷千博・田中孝彦編『日英交流史 1600-2000　1　政治・外交Ⅰ』東京大学出版会、二〇〇〇年
鵜飼政志『明治維新の国際舞台』有志舎、二〇一四年
金窪敏知「世界測量史における伊能図」、東京地学協会編『伊能図に学ぶ』朝倉書店、一九九八年
神谷大介「十九世紀における西洋艦船の海難問題と海保体制」、平川新編『通説を見直す　16〜19世紀の日本』清文堂、二〇一五年
菊池眞一「幕末から明治初年にかけての日本近海英国海図」『海洋情報部研究報告』四三号、二〇〇七年
後藤敦史「幕末外交と日本近海測量」『歴史学研究』九五〇号、二〇一六年
後藤敦史『忘れられた黒船――アメリカ北太平洋戦略と日本開国』講談社、二〇一七年
後藤敦史「異国船はなぜ日本に来たか――イギリス測量艦アクタイオン号を事例に」『歴史学研究』九七三号、二〇一八年
小林茂・永用俊彦・鳴海邦匡・臼井公宏・小野寺淳・立石尚之編『鎖国時代　海を渡った日本図』大阪大学出版会、二〇一九年
杉本史子『近世政治空間論――裁き・公・「日本」』東京大学出版会、二〇一八年
東京地学協会編『伊能図に学ぶ』朝倉書店、一九九八年
藤井哲博『長崎海軍伝習所――十九世紀東西文化の接点』中央公論社、一九九一年

保谷徹『幕末日本と対外戦争の危機――下関戦争の舞台裏』吉川弘文館、二〇一〇年
保柳睦美「伊能図に基づいたイギリス製日本沿海図」、同編『伊能忠敬の科学的業績――日本地図作製の近代化への道』古今書院、一九七四年
森永貴子『ロシアの拡大と毛皮交易――16～19世紀シベリア・北太平洋の商人世界』彩流社、二〇〇八年
横山伊徳「十九世紀日本近海測量について」、黒田日出男・メアリ＝エリザベス＝ベリ・杉本史子編『地図と絵図の政治文化史』東京大学出版会、二〇〇一年
吉岡誠也『幕末対外関係と長崎』吉川弘文館、二〇一八年
Brooke, George M. ed., *John M. Brooke's Pacific Cruise and Japanese Adventure, 1858-1860*, Honolulu: University of Hawaii Press, 1986.
Kobayashi, Shigeru, "Imperial Cartography in East Asia from the Late 18th Century to the Early 20th Century: An Overview," *Japanese Journal of Human Geography*, 67-6, 2015.

（付記）本章は、ＪＳＰＳ科学研究費（基盤研究Ｂ：１６Ｈ０３５２７、若手研究Ｂ：１５Ｋ１６８１５）の研究成果の一部である。

第8章　日本帝国と沖縄近代
――帝国化の起点と同化主義の問題を中心に

波平恒男

はじめに

この章の主題は、近代の日本帝国と沖縄の関係について、帝国化の起点と同化主義の問題という論点を中心に考えていくことである。

日本の「近代」という場合、一般的には、明治維新から第二次世界大戦の敗戦までの時期を指すのが通例であろう。それに対して、琉球・沖縄史の時代区分では、「近代」の始期はやや遅れて、一八七九（明治一二）年の「琉球併合」（いわゆる「琉球処分」）から一九四五年の「沖縄戦」終了に至るまでを「近代」と見なすのが一般的である。すなわち、併合以前の琉球王国の時代と、戦後の米軍占領・米国統治の時代に挟まれた六六年間が、沖縄史上の近代ということになる。

右のような時代区分を前提として言えば、沖縄の近代とは、まさに日本帝国に包摂された時代だった。

それゆえ沖縄人の近代体験は、良かれ悪しかれ、日本帝国という政治体の在り様に大きく規定された。その重要な一つとして、アイヌや旧植民地の人々と同様に、「同化」や「皇民化」を強いられたという共通性があることはよく知られている。しかし同時に、かつて日本の植民地支配に服した国や地域（外地）の近代が、帝国本国（内地）のそれとは各々その様相を異にしたように、沖縄の近代もまたそれなりに特有のもので、日本帝国の本国内とも植民地ともつかない両義的なものだった。後者の両義性という点で、沖縄と幾分か類似した地域として北海道（特にアイヌ民族）があり、近代沖縄は、北海道と同様に、しばしば「国内植民地」の範疇を用いて議論されてきた（桑原一九八二）。

ちなみに、一九八二年以来、幾度かにわたって、日本の歴史教科書（検定問題）に関連して中国や韓国から主に近過去の歴史認識をめぐって批判の声が挙げられてきた。そして、実は沖縄でもその都度、主に沖縄戦での集団自決や日本兵による住民虐殺に関連して、政府文部省（文科省）や民間における歴史修正主義の潮流への抗議がなされていた。これも、沖縄と韓国・中国などとの類似性を示すものであり、日本の戦争責任や植民地責任に対する反省の不十分さを示している事例だと言えよう。

このような歴史認識をめぐる問題を考えるにあたっては、一九三〇年代以降の日中戦争から太平洋戦争への過程や、一九一〇年以降の朝鮮植民地支配の問題だけでなく、明治維新以降の近代日本が独特の集権的国家形成（天皇制）と幾度かの対外戦争を経て、東アジアにおいて「帝国」（＝植民地帝国）を形成していたこと、そうした近代日本の帝国的拡大や、脱植民地化の特異性の持つ意味をもっと重視する必要があろう。日本の場合、太平洋戦争の終了と純粋な脱植民地化の過程が重なったことによって、戦後においては、自国がかつて帝国であったこと、しかも特異な形態の帝国統治を行ってきたことが安易に忘却され、あるいは著しく軽視されてきた。

本章では、これらのことを念頭におきながら、近代日本の実質的な「帝国化の起点」と、日本の帝国統治の特質としての「同化主義」の問題を中心に、明治維新以降の日本と沖縄の関係について再考していきたい。

一　問題意識の敷衍

丸山眞男は「超国家主義の論理と心理」（一九四六年）において、日本の「超国家主義」が連合国からウルトラ・ナショナリズムやエクストリーム・ナショナリズムと呼ばれてきたことを指摘した上で、およそ近代国家に共通するナショナリズムと日本の「極端なる」それとは何が違うのか、と問うことから議論を始めている。近代国家が国民国家である限りにおいて、ナショナリズムはどの国にも見られる現象であり、また武力的膨張への傾向がナショナリズムの内在的衝動をなしてきたことも確かである。そのことを踏まえた上で、丸山は日本の特殊性について次のように述べる。

> 我が国家主義は単にそうした衝動がヨリ強度であり、発現の仕方がヨリ露骨であったという以上に、その対外膨張乃至対内抑圧の精神的起動力に質的な相違が見出されることによってはじめて真にウルトラ的性格を帯びるのである（丸山一九四六／一九九五、一九頁）。

すなわち、近代国家に通常のナショナリズムと日本の「（超）国家主義」との間には「対外膨張」や「対内抑圧」の「精神的起動力に質的な相違」があるとした上で、その質的相違が生じてくる根本の所以を、丸山は、簡単に言ってしまえば、近代日本の天皇制（皇国＝神州、国体）イデオロギーに求めた。西洋では、近代国家は、真理や道徳などの内容的価値に関しては中立的立場をとるのを原則とした。すなわち、そうした価値の選択や判断はもっぱら別の組織（教会）や個人の良心に委ね、国家主権の基礎を、そのような内容的価値から捨象された純粋に形式的な法機構の上に置いた。

それに対して、近代の日本では、「天皇への距離（近接度）」によって個人や組織の価値が決まり、その体系は天皇（皇室）を中心に外へ向かって同心円的に拡大する。真理や道徳などの諸価値は（自由な主体によって選び取られるのではなく）その中心から溢れ出すが、その流出する諸価値の絶対性や無限性を保証しているのが、天壌無窮の皇統という、同心円の中心を縦に貫く時間軸である。

このように丸山は、近代日本の超国家主義の論理を「縦軸（時間軸）の延長即ち円（空間）の拡大」として定式化し、その起源を明治維新による「権威」と「権力」の一体化、すなわち幕末期には朝廷の権威と幕府の権力という形で二元的に分立していた権威と権力の天皇制国家による一元化にまで遡るものと捉えた。

「天壌無窮」が価値の妥当範囲の絶えざる拡大を保障し、逆に「皇国武徳」の拡大が中心価値の絶対性を強めて行く――この循環過程は、日清・日露戦争より満州事変・支那事変を経て太平洋戦争に至るまで螺旋的に高まって行った（丸山一九四六／一九九五、三六頁）。

さて、丸山らの「戦後啓蒙」の知識人たちは、「理念としての西洋近代」に照らして日本の「歪んだ近代」を剔抉・指弾したとして、後に批判されるようになった。そして、彼らの影響力の低下とともに、日本の知的シーンから批判意識が失われると同時に、例えば、司馬史観に見られるように明治の日本を近代化の成功物語として描き出し、司馬では「暗い昭和」と形容された時期についても、その罪責性の相対化が行われるようになっていった。

次に、アメリカの日本史研究者アンドルー・ゴードンの「インペリアル・デモクラシー」論について論及しておきたい。彼の研究には、先に見た丸山の「超国家主義」論――天皇制と帝国主義の内的結合の重視――の遺産が継承されていると思われるからである。

ゴードンは「大正デモクラシー」という概念の不適切さを指摘し、それに代替するものとして「インペリアル・デモクラシー」なる概念を提起した。一九〇五～三二年が大正期（一九一二～二四年）を前後に大きくはみ出しているという理由のほか、より重要なこととして、この国のすべての政治エリートだけでなく、この時期に政治的発言権の拡大を求めて政治の表舞台に躍り出てきた民衆もまた、おしなべて天皇主権と帝国主義の支持者だったこと、すなわち、それが民衆の政治参加の要求と天皇主権や帝国主義の支持という矛盾をはらんだ運動だったことを端的に言い表すためであった。この場合の「インペリアル」は訳しづらい言葉であるが、「天皇主権と帝国主義を支持する」というほどの謂いである（ゴードン一九九五）。

ゴードンの言うように、日本のインペリアリズムは、「天皇制」と不可分の「帝国主義」であった。この点と関連して、ゴードンは日本の「帝国主義」について次のように言う。

日本を帝国主義国となるように駆り立てた主役、そして主要な要因として、幾つかの点が指摘できる。第一は、中国を国際関係の中心に据える中華モデルと、西欧を中心に据える西欧モデルの両方を退ける、国学ないし水戸学に根ざす土着の知的伝統の存在である。（中略）第二に、明治の支配者たちは、国が進む道としては、帝国になるか帝国への従属か、のいずれしかなく、中間の道はありえない、とする地政学的な論理を受け入れた（ゴードン二〇〇六、二五八〜二五九頁）。

筆者は、このゴードンの文章は本質的なポイントを的確に言い当てていると思う。第一の点について言えば、日本帝国主義は伝統的な「中華モデル」や近代の「西欧モデル」の双方から影響をうけ、またそれらを自己の都合に合わせて利用しつつも、結局のところ、「土着の知的伝統」に淵源する天壌無窮で万邦無比の「皇国＝神州」意識や「国体（＝天皇主権）」観念という、極端な自己優越思想に基づいた膨張主義的かつ抑圧的な帝国統治や植民地主義を生み出した。そこでは基本的に、かつて丸山が論じたような日本特有の（超）国家主義の論理と心理が駆動力となったと言えよう。

右の引用における第二の要因もきわめて重要で、近代日本の支配者が「帝国になるか、帝国への従属か」という、いわば「あれかこれか」の思考枠組に囚われていたというゴードンの指摘は、「日本の指導者たちは、そうしようと思えば帝国主義的な利益線の拡大に走らなくとも、近くの国々そして遠い国々との貿易や移民を促進することによって、アジアで国としての独立と繁栄を守りえただろう」（ゴードン二〇〇六、二五九頁）という彼自身の歴史観に基づいている。これは、すでに大正年間に石橋湛山《たんざん》が小日本主義の立場から主張していた全植民地放棄論と本質的に同一の歴史観であり、筆者は石橋の当時の時代認識やゴードンの日本近代史観を高く評価している。

二　帝国にして皇国たる日本

ゴードンが言うように、日本の帝国主義は、国学や水戸学に根ざした「土着の伝統」、すなわち日本を世界でも特別に優れた国家であると見なす「皇国＝神州」意識や「国体」観念と不可分に結合していた点にある。これらの意識や観念は、つとに江戸時代の中期から後期にかけて準備され、幕末には尊王攘夷思想として凝集し、やがて明治維新の体制変革をもたらすことになった。

この帝国主義と皇国意識との不可分離性という近代日本の特徴を適切に理解するために、次に日本語の「帝国」の概念について簡単に押さえておこう。「帝国」というと、明・清の「帝国」、中華帝国という言い方などから、中国の漢語に由来する概念と思われがちであるが、実際には日本で生まれた言葉であった。

吉村忠典によれば、日本語の「帝国」という語は、オランダ語「ケイゼレイク（keizerrijk）」（keizer ＋ rijk の複合語で、ドイツ語の「カイザーライヒ（Kaiserreich）」に対応）が一八世紀の日本の蘭学者によって「帝國」と訳されたことに遡る。ケイゼルもカイザーも古代ローマのカエサル（帝）に由来する。すなわち皇帝のいる国、それが帝国だった。

他方、「帝国」の語にはもう一つの起源として、インペリウム（imperium）があった。これは古代ローマの帝政期以前からあった言葉で、最高公職者の命令（権）が原義であり、その命令（権）が及ぶ領域をも指すようになった言葉だった。英語のエンパイアーやフランス語のアンピールはその派生語であり、それらには皇帝がいる必要はない。

公式の文書で「帝国」が現れる最初の例は、日米和親条約（一八五四年）に付された「和解《わげ》」（日本語訳）においてであるとされる。Empire of Japan が「帝國日本」と訳された。安政の頃から蘭学に代わって英学が盛んになると、「帝国」なる語はエンパイアーの本来の訳語であるかのように使われるようになっていた。ただし、江戸時代の間は「帝」は将軍であった（吉村二〇〇三、第三章）。

桐原健真は、江戸後期の儒学、国学、水戸学などにおいても、この「帝国」の語が受容され、重要な役割を演じたことを指摘している。一つには、かつて西洋世界でなされていた君主の爵（帝・王・公・侯など）によって国家の格・大小を整除し、皇帝のいる帝国をヒエラルヒーの最上位に位置づける議論が日本でも受け入れられたこと、しかも西洋の諸文献で日本が帝国と位置づけられていることにこれらの論者たちが大きな自負を抱いたことである。二つには、幕末になって、特に尊王攘夷論において、「皇帝の国」たる「帝国」の（真の）「皇帝」は誰であるかという議論が現れ、尊王論や大政委任論と結びついていったことである。桐原は、「排外運動としての尊王攘夷が、内政改革運動としての尊王討幕に転化した一つの理由には、『帝国日本』を文字通りの意味での『帝国』にすることを求める飽くなき欲求があったと言えよう」「『帝国日本』言説は、やがて近代日本における天皇制イデオロギーの一つの源泉となっていったのである」（桐原二〇一六、八三頁）と述べている。

「帝国」との関連で、ついでに「国家」＝state の概念にも論及しておこう。「国家」は古くからある言葉で江戸時代には日本全体を意味する場合と、いわゆる「藩」を意味する場合とがあった。そして、「帝国」よりもずっと遅れて、英学の普及とともに、state の訳語にこの伝統的な言葉である「国家」が使われた。

ここで留意すべきは、万国公法（近代国際法）では「国家」が基本的な単位であって、「帝国」を称する国も王国や共和国などと横に並ぶ一個の「国家」にすぎないことである。だが、近代日本では、こうした諸国家の原理的対等という理念は、特に対アジア外交では、深く根付くことはなかった。

この点と関連して、近世後期に日本の知識人によって君主の爵により国家をランクづける議論がなされていた頃には、西洋では独立国家は君主の爵に関わらず平等であるという国際秩序観が確立していたという事情は留意に値しよう。さらに、イギリスは、王国（kingdom）であるにもかかわらず、広大な海外領土を有し、イギリス帝国（Brirish Empire）とも称されていた。他方、近世後期の日本において「帝国」は、上記のような二系統の語義のうち「皇帝の統治する国」として理解され、やがて万世一系の天皇という特別の皇帝のいる国、天壌無窮の皇統を持つ国＝皇国という特別な帝国として観念されるようになっていった。そしてそのことが、万国公法を手段的に利用しながら諸国家の原理的対等の理念のほうは著しく軽視するという、近代日本の対外政策の特徴を生じさせる重要な要因になったと言えよう。

三　帝国化の起点

日本の歴史学では、日本の帝国化を、日清戦争後の講和条約で中国（清国）から台湾の割譲をうけた一八九五年に始まると見なすことが通説となっている。たしかに、台湾は、日露戦争後の一九一〇年に併合された朝鮮半島とともに、日本帝国の「公式植民地」として重要な位置を占めることになった。

他方で、前述のように、日本ではすでに江戸時代より「帝国」なる呼称が流通していた。また、近代日本の領土には、一八九五年の台湾領有よりも早い段階において統治下に組み込まれた地域・国・島嶼があった。北海道（蝦夷地）、沖縄（琉球）、小笠原、千島がそれで、江戸時代には異域や異国と見なされ、あるいは所属未定の島嶼だったが、明治初年に様々な経緯をへて日本に編入された。これらの地域や島は、近代日本への編入後も長く特別制度による統治下に置かれ、また北海道を別として、第二次世界大戦後には日本から分離されソ連に帰属したり（千島）、米国の統治下に置かれたのち日本復帰を果たす（小笠原、沖縄）など、日本本土（内地）とは異なる歴史体験を持つことになった。

近代日本帝国の特質を考える場合、筆者は、日本の帝国化の起点を琉球併合（「琉球処分」）の時期（一八七二〜七九年）にまで遡って考えるべきだと思っている。もちろん、琉球併合それ自体によって近代日本の実質的帝国化が画されると、単純に主張したいのではない。そうではなく、一八七九年の琉球併合の完遂を含め、一八七二〜七九年の琉球併合史の時期における様々な政治的事件を通じて、日本の膨張主義的な帝国意識がこの国の政治エリートや国民の間に大きく浸透しはじめたと考えるのである。

筆者は、拙著『近代東アジア史のなかの琉球併合』において、これまで日本中心の視点から近代主義的に解釈されてきた琉球併合の歴史について、その根本的な見直しを提起した。そうした見直しの一つに関わるが、拙著では、琉球併合史の端緒をなす一八七二年九月の――従来は「琉球藩設置」と呼ばれてきた――出来事について、「琉球藩王冊封」と記述すべきことを主張した。理由は単純で、明治政府側であれ琉球側であれ、当時その出来事に関わった当事者たちはそのように（「藩王冊封」として）理解していたからである。琉球藩設置は後代の者が後知恵で付与した概念にすぎない。

周知のように、江戸時代には、琉球は朝鮮と同様に徳川日本から「通信の国」として処遇されてきたが、天皇（京都の朝廷）とは無関係であった。それゆえ、明治維新（王政復古）の結果、明治天皇制国家には琉球との関係設定（再編）の必要が生じた。そこで、琉球の国王（尚泰王）を日本帝国の皇帝たる天皇の名で「藩王」として「冊封」し、初めて（擬制的）君臣関係を設定することで、明治政府は、琉球が日本に「藩属」することになったと見なしたのである。

明治天皇制国家は、このように琉球を「藩属」させることで帝国の実質化を一歩進めたわけだが、ただしこの一八七二年の段階では、帝国の「中華モデル」が前面に出ていたことは言うまでもない。「藩王冊封」は当時の外務卿副島種臣の主導でなされたものだったが、それに先立ち、琉球問題への対処策を諮問された当時の左院は、日本は「帝国」であるので、その下に「王国」や「侯国」があってもよいとして、尚泰の「王」号を用いた冊封を容認する答議を提出していたのだった（波平二〇一四、一三八頁）。

この段階では、日本と琉球の関係はそのように考えられていた（藩王冊封、帝国の下の王国）ので、その後の二年半ほどは両者の関係は比較的穏やかであった。清国との伝統的朝貢関係も、明治政府の公認の下、従来通り続けられていた。だが、一八七五年になると、両者の関係はたちまち険悪なものに転じる。内務卿大久保利通は一八七五年、琉球の重役を東京に呼び出して「説諭」した後、内務省高官の松田道之を琉球に派遣し、琉球当局に中国（清朝）との五〇〇年来の伝統的関係（朝貢・冊封など）を絶つように要求した。また、この段階での明治政府と琉球との交渉において、大久保や松田らは「万国公法」をしばしば引き合いに出し、これまで「黙許」してきた琉球の（日清への）「両属」は万国公法上許されないとして、清国との関係停止を迫った。このような明治政府の態度変更がなぜ生じたかを理解するためには、その背景として、その間の二年間に生起した二つの重要な事件、すなわち七三年の「征韓論政変」と七四年の「台湾出兵」があったことを見逃してはならない。

一八七三（明治六）年の政変に伴った「征韓論」の沸騰と、翌七四年の近代日本初の海外侵略である「台湾出兵」は、実際の「征韓」や海外領土（台湾「蕃地」）の領有には至らなかったものの、日本人の「帝国」意識や「帝国（主義）」的膨張を当然視する意識を喚起した点で、きわめて重要な事件だったと思われる。また、七五年の江華島事件やそれに続く日朝修好条約の締結についても、日本史の通説ではペリーの砲艦外交の模倣行為のように語られることが多いが、実態はそれを超えたもので、武力発動を伴った軍事的威嚇の産物だった。そして台湾出兵も、実態は紛れもない軍事侵略であり、武力行使とその後の和議交渉という経緯を辿った。そして、危惧された日清間の戦争は回避されたものの、翌年の日本による琉球への（中国との）「宗藩（宗属）関係」の停止の強要、そして七九年の琉球併合に至る上での不可逆的転機ともなった。これら七〇年代半ばの対外関係のなかで、パワー・ポリティックスを志向した（侵略的）条約外交という「西欧モデル」の契機もまた前景化してくる。

近代日本の実質的帝国化を促した要因という点では、朝鮮の存在がきわめて重要であった。拙著では、その朝鮮と琉球との類比性と関係性について「二つの併合」のテーゼの下に論究した（波平二〇一四、第五章第五節）。明治政府は、琉球の場合と同様の理由から、しかも琉球に先立つ形で、朝鮮との間で国交再編の必要に直面していたが、様々な理由から行き詰まった末に、一八七三（明治六）年になって「征韓」問題が急浮上した。征韓論の前提には、朝鮮が古代には日本の朝貢国（属国）であり、いまや王政復古が実現したからには再び皇国日本に「藩属」させるべきだとの尊大かつ時代錯誤的な思想があった。征韓派の参議たちを野に追いやった大久保利通らの内治優先論も、そのような思想の原理的否定論ではなく、国内統治が未整備で軍事力という点でも無理があるとして、征韓の延期論に立っていたにすぎない。

「征韓」という発想は、すでに吉田松陰らの幕末尊王攘夷論によっても唱えられていた思想であるが、留意すべきは、そこでは、朝鮮や琉球など周りの国々を見下し、属国視ないし属国の候補視する、あるいは自国の膨張のためのフロンティアにすぎないと考えるような対外観が根底にあること、そしてそれが政治的に表面化したのが王政復古と廃藩置県をへた明治のこの時期だったということである。

翌一八七四年の台湾出兵は、征韓論政変後の不平士族対策の必要から行われたもので、同時にそこには明らかに領土的野心も秘められていた。だが、出兵の表向きの理由とされたのは、二年半も前の七一年末に起きた台湾「蕃地」(先住民の居住地域)での琉球人殺害事件への報復ということだった。それゆえ、七四年の台湾侵略と日清和議交渉の後は、明治政府は琉球と中国(清国)との伝統的関係をもはや容認し続けることができず、上述のように七五年には前年の台湾出兵を恩に着せつつ琉球当局に清国との関係断絶を迫り、結局、その要求に琉球側が従わなかったことを理由に、七九年に軍隊・警察を動員した強制併合の「処分」が実行されたのである。

四　沖縄の同化、日本帝国の同化主義

一八七九年の琉球併合に際して、従来は注目されてこなかったが、明治天皇が次のような勅書を出している事実にここで少し着目しておきたい。

> 琉球藩、旧しく王化に服し、寔に覆育之徳に頼る。今乃恩を怙み、嫌を挟み、使命を恭ます。是、蓋し舟路遼遠、見聞限りあるの致す所、朕、一視同仁、深く既往の罪を責めす。該藩を廃し、尚泰を東京府下に移し、賜ふに第宅を以てし、且つ尚健、尚弼を以て特に華族に列し、倶に東京府の貫属たらしむへし。所司奉行せよ(波平二〇一四、二八七~二八八頁を参照)。

ここでは、それが何時からなのかは一切語られないまま、琉球が「旧しく王化に服し」「覆育之徳」に頼ってきたと、中華モデルの天下国家論的な用語で述べられている。それにも拘らず、「舟路遼遠、見聞限

りある」ために様々な罪科を犯すことになり、「該藩を廃」することとなったが、天皇は「一視同仁」なので、「既往の罪」を深くは責めず、寛大な処分となる云々。細かい議論は省くが、ここでは天子（=皇帝）の徳が周辺に恵沢を及ぼすという「中華モデル」的な理屈づけに依りながら、併合処分という帝国的膨張の正当化がなされており、のちに台湾・朝鮮などの植民地支配の正当化でも用いられた「皇化に浴せしめる」ことや「一視同仁」などがこの上ない恩沢であり、絶対的な善であるという発想、言い換えれば、丸山のいう「超国家主義」の原初形体を確認することができる。そのような発想のもとに、日本は自国の周辺から植民地を拡大していった。その点で、近代天皇制国家の「隣接植民地」帝国への道や、そのような植民地帝国の統治原則としての「同化主義」は、すでに琉球併合の時期に「過剰決定」されていたと言えるように思うのである。

さて、沖縄近代の知識人と知られる太田朝敷《ちょうふ》は併合後の沖縄について、沖縄人が政治権力だけでなく、「社会的勢力」も喪失した状況に置かれたことを指摘した上で、「かかる地域は植民地の外《ほか》にはあるまい」（太田一九三二／一九九三、一四九頁）と述べた。明治日本は中央集権主義の強い国家だったので、国内のどの地方でも（上級の）政治権力は中央政府（内務省官吏）が握ったが、それ以外の社会的権力は地元の人士が握っていた。だが、沖縄では県庁だけでなく、教育や経済や商業など各界の主だったところはすべて他府県出身者によって占められた。そして殖産興業政策らしきものはほとんど行われず、初等教育に力点が置かれただけだった。それは、成人世代の日本国家への帰服は諦め、幼少世代からの日本人への改造（=同化・皇民化）に賭けるしかないと判断されたからだった。

ところで、「同化（政策）」とは、日本帝国が植民地の住民・民族を馴致するために採用した支配様式として知られており、特に台湾や朝鮮という日本本国（内地）に近くて、日本による支配の歴史が比較的長かった植民地において最も徹底して実行された。ちなみに、『広辞苑』（第七版）を引くと、同化政策とは「本国が植民地民族を、自己の生活様式や思想などに同化させようとする政策」であるとして、同化政策を「植民地」支配と結びつけている。しかし別の辞典（『大辞林』（第三版））では「国内少数民族」の同化のケースも含めているように、いわば国内の「少数民族」を包摂統合していく施策にも適用されることがある。日本の場合だと、アイヌ民族のケースがそれに該当するであろうが、併合後の沖縄の場合もそれと似たところがあった。

では、なぜ近代の沖縄では「同化」が問題ないし課題となったのか。改めてその理由を考えてみると、大きく言って二つの要因があった。第一に、近代日本が新たに版図になった諸地域に対して（「自治主義」ではなく）「同化主義」（≒内地延長主義）の基本政策をとったという、日本の帝国統治それ自体の特質に関わる要因と、第二に、その版図拡大の最初期の事例と見なしうる琉球・沖縄の「生活様式や思想」が日本本土（内地）とは著しく異なっていたという二つの要因を指摘することができよう（波平二〇一二）。

右の二点のうち後者から取り上げると、「内地」と沖縄の相違ないし異質性についても、次の二つの次元に分けて考えることができる。一つは、「内地」と沖縄との言語や習俗慣習などの「文化の相違」がきわめて大きかったことである。沖縄の場合、言葉をはじめとする文化的差異の大きさが、国内の地方差というより、異民族のそれを思わせるほど著しいものとして感知されたと言える。

沖縄で同化が問題となったもう一つの要因としては、日本国家（明治政府）への「忠誠心の不在」が挙げられる。明治国家に「処分」という形で強制併合された沖縄では、それまで天皇存在や尊王思想とは歴史的に縁が無かったことから、天皇とその政府への積極的忠誠心に欠け、天皇に帰一するという価値観や心情は存在しなかった。そのゆえ、沖縄では置県の当初から、皇国イデオロギーの注入による忠誠心の培養という「皇民化」が、日本語（大和口）の教化をはじめとした「同化政策」の一環ないしその本質的部分をなすものとして、為政者や教育関係者などによって追求された。

ここで、第一の要因、近代日本の「同化主義」の問題に戻ろう。近代の植民地支配をめぐっては古くから様々な議論があるが、ここでは本章の視点から重要と思われる「同化主義」と「自治主義」（＝「自主主義」）という類型論についてだけ触れておく。

まず、戦前の植民政策学の泰斗たる山本美越乃《みおの》は、『植民政策研究』（一九二〇年初版、一九二五年改訂第七版）において、「同化主義」と「自治主義」について次のように整理している。

> 同化主義とは母国の植民地に対すること恰も本国内の一の地方に対すると同じく、従て其の内政に関しても成るべく本国内に於けると同一ならしめんとするの主旨より、植民地の立法・司法・行政等の諸般の政務に勗《つと》めて母国と画一主義を実行し、以て其の統一渾化を計らんとするものを謂ひ、自治主義とは之に反して母国及植民地は互に其の成立状態を異にし各特殊の事情を有するが故に、母国は漫りに植民地に干渉又は強制を加ふることなく、成るべく植民地自らをして其の内政を処理せしめんとするの方針に依り、母国は唯之が監督権を総攬するに過ぎざるものを謂ふ（山本一九二〇／一九二五、一五六〜一五七頁）。

山本は右のように「同化主義」と「自治主義」を整理した上、フランスとイギリスの植民地統治をこれら二類型の代表例と見なした。また、山本にすこし遅れ、一九二〇年代後半から一九三〇年代を通じて日本の植民政策学をリードした矢内原忠雄は、「同化主義」に対して「自主主義」を対置したが、彼における「自主主義」の概念もまた、山本の「自治主義」とほぼ共通していた（矢内原一九二六／一九六三、二八八頁以下）。

留意すべきは、山本や矢内原らがこれら二つの統治様式をどのように評価していたかという点であるが、両者とも、植民地の「独立」を究極の目標に見据えた「自治主義」（＝「自主主義」）の統治、なかでもイギリスのそれを相対的に高く評価しており、日本の「同化主義」には批判的であった。矢内原は、同化の強制は集団的人格の侵害であるため原住者の反抗を呼び起こすと述べ、また、日仏の同化主義が持つ軍事的・暴力的性格を指摘する形で、日本の植民地統治を批判した（矢内原一九三七／一九六三）。

さらに、一九二〇年代前半には、石橋湛山の「一切を棄つるの覚悟」「大日本主義の幻想」（一九二一年）のような、日本はすべての植民地を放棄すべきだとする小日本主義も登場していた。石橋の主張は、経済的合理性の観点からの批判が中心だったが、同時に、それを超えた道徳的・実践的合理性の次元での根拠づけの議論をも含んでいた。

およそいかなる民族といえども、他民族の属国たること愉快とする如き事実は古来ほとんどない。（中略）朝鮮人も一民族である。彼らは彼らの特殊なる言語を持っている。多年彼らの独立の歴史を持って居る。衷心から日本の属国たるを喜ぶ鮮人はおそらく一人もなかろう。（中略）これを個人の場合について考うれば、直ぐに分かることだ。おそらく何人といえども、他人の保護管理の下に生活するのでは、その他一切の要求が遺憾なく充たし得られても、決して満足はせぬ。何となれば、自己は自己によって支配せられぬ限り、真の意味において生活はないからである。故に鮮人は日本の統治の下にいかなる善政に浴しても、決して満足すべきはずはない（石橋一九八四、八七～八八頁）。

ここには、ルソーやカントにおける「自己決定」の理念、私的自律と公共的自律を等しく根源的な価値や権利と考える「近代」の原理的理解が含まれている。日本でも自由民権期や大正期には、近代化を「富国強兵」のテクノロジーに切り詰めて考えるのではなく、そのような規範的次元でも「近代」（西洋近代）を摂取していた人びとがいたことは確かである。

おわりに

本章では、一八七二年から七九年の琉球併合の過程や、その時期に生起した征韓論の沸騰、台湾出兵、江華島事件などによって、近代日本の実質的「帝国化」が始動したという筆者の考えを述べてきた。また、近代日本は自国の周辺から同心円的に植民地や支配圏を拡大し、そこで同化主義の統治を行ったが、沖縄はそうした統治方針が適用された最初の事例であると見なしうることを述べてきた。実際、石橋湛山が全植民地放棄論を唱えていた頃、帝国議会では、原敬首相が沖縄での一定の成功を根拠に、台湾でも同化主義の統治原則が適用されるべきだとの方針を改めて表明していた（春山二〇〇八、二一四頁）。

台湾や朝鮮よりいち早く併合され、規模も小さな沖縄では、同化・皇民化がより容易く、より先まで進められたことは事実だろう。しかし、結果として日本人（帝国臣民）への改造がうまくいったにしても、その過程においてはそれなりに様々な痛苦の体験があったことも忘れられるべきではない。たとえば、学校教育では日本語の教化のために「方言札」の罰則が広く用いられたが、それは沖縄人の母語と伝統文化への卑下や同輩集団への裏切りの奨めなど、精神の植民地化と不可分であった。また、沖縄は併合後も長く特別制度（いわゆる「旧慣温存」）の下に置かれ、徴兵制度の適用も遅れたが、その反面、標準日本語をうまく使用・理解できないことなどから、軍隊内での差別や体罰もひと際厳しかったとされる。その他、出稼ぎ先や移民先での差別など、直接間接の様々な差別体験があり、まさにそれらの差別からの脱却の手段として、同化や皇民化が、外部権力から強いられただけでなく、沖縄の内部からも追求された。

そうした同化・皇民化の延長線上に、沖縄戦での「集団自決」や軍人を上回る数の民間人が犠牲となるという惨劇があったのは言うまでもない。また、先述の様々な差別だけでなく、沖縄戦での日本兵による地元民の「壕からの追い出し」やスパイ嫌疑による「住民虐殺」の背景に、「天皇への距離」で人間の価値が決まるとする超国家主義の暗愚があったことも否定しがたいだろう。

明治維新以降、植民地帝国に成り上がった日本は、同化・皇民化という被支配民族の文化否定（民族性の抹殺）の政策を実行した挙句、第二次世界大戦の敗戦で一挙に海外植民地を失い（沖縄は米国統治下に放置された）、脱植民地化の課題に向き合わないできた。こうした帝国統治や脱植民地化の特異性のゆえに、日本は近隣諸国と様々な問題を抱え、いまだそれらを克服しえないでいる。

沖縄に関しても、復帰後およそ半世紀が経過した今日なお、在日米軍基地の約七割を押しつけ、「本土防衛の盾」として位置づける政策が続いているだけでなく、日本政府は、幾度となく明確に示されてきた沖縄の民意を一顧だにすることなく、名護市辺野古への新基地建設を強行している。これらの沖縄や東アジア諸国に対する差別的政策や差別的視線のうちには、近代の日本型植民地主義の歴史やその負性の忘却という問題性が、陰鬱なる長い影を落としているように思われるのである。

参考文献

石橋湛山『石橋湛山評論集』岩波文庫、一九八四年
太田朝敷『沖縄県政五十年』（一九三二年）、『太田朝敷選集　上巻』第一書房、一九九三年、所収
桐原健真「『帝国』言説と幕末日本――蘭学・儒学・水戸学そして幕末攘夷論」、明治維新学会編『明治維新と思想・社会』有志舎、二〇一六年
桑原真人『近代北海道史研究序説』北海道大学図書刊行会、一九八二年
ゴードン、アンドリュー「日本近代史におけるインペリアル・デモクラシー」『年報日本現代史』第二号、一九九五年
ゴードン、アンドルー『日本の二〇〇年――徳川時代から現代まで』上、みすず書房、二〇〇六年
波平恒男「教育の普及と同化の論理」『沖縄県史　各論編5　近代』沖縄県教育委員会、二〇一一年
波平恒男『近代東アジア史のなかの琉球併合――中華世界秩序から植民地帝国日本へ』岩波書店、二〇一四年
春山明哲『近代日本と台湾』藤原書店、二〇〇八年
丸山眞男「超国家主義の論理と心理」（一九四六年）、『丸山眞男集』第三巻、岩波書店、一九九五年、所収
吉村忠典『古代ローマ帝国の研究』岩波書店、二〇〇三年
矢内原忠雄『植民及植民政策』（有斐閣、改定第四版、一九二六年）、『矢内原忠雄全集』第一巻、岩波書店、一九六三年、所収
矢内原忠雄「軍事的と同化的・日仏植民政策比較の一論」（一九三七年二月『国家学会雑誌』初出）、『矢内原忠雄全集』第四巻、岩波書店、一九六三年、所収
山本美越乃『改訂　植民政策研究』（初版一九二〇年）、弘文堂書房、一九二五年

第9章　真杉静枝と坂口䙥子の台湾表象
――「自伝的小説」に描かれた日台植民地史

呉　佩珍

はじめに

台湾は、明治以降、日本が初めて領有した海外植民地であり、その統治実態は、日本近代を映す鏡になっている。真杉静枝（一九〇〇～一九五五年）と坂口䙥子《れいこ》（一九一四～二〇〇七年）はともに日本統治期における台湾経験をよく描いていることによって知られている。二人の作品は、日本女性作家の「私小説」風な書き方を継承しており、その「台湾物」は偶然にも「原住民女性」と「植民地の記憶」という共通のテーマを持っている(1)。

まず、真杉静枝は幼少期に台湾に渡り、デビュー作「駅長の若妻」（一九二七年八月）において、女性の視点で在台日本人共同体の日本移民の群像を描いている。また一九四〇年代の皇民化運動時期に書かれた「サヨンの鐘」の作品群では、一九三〇年一〇月の台湾原住民の蜂起、いわゆる「霧社事件」の背景にある、「理蕃政策」の一環としてなされた政略結婚が暗喩されている。さらに、日本敗戦の一九四五年以降に書かれた「花樟物語」三部作では家族史を回顧する形式で真杉一家の植民地台湾生活を描き、日本の台湾植民地史が凝縮された内容になっている。

坂口䙥子が初めて台湾を訪れたのは一九三五年であった。一九三八年四月に再び台湾に渡り、台中州北斗郡で小学校教師となった。その後、病気で一時故郷の八代に戻っているが、台湾公学校の教師であった坂口貴敏と結婚するため、一九四〇年四月に再度渡台する。渡台後、台湾中部の日本語新聞『台湾新聞』の部長田中保男と知り合い、ここに作品を発表し始めた。田中保男は人脈が広く、楊逵《ようき》――当時、雑誌『台湾文学』を拠点として活動していた――とも深い付き合いがあった。

戦前の坂口䙥子が書いた作品としては、自らの出身地である熊本県の農業移民の台湾北斗郡での開拓物語を描いた「黒土」（一九四〇年一〇月）、「春秋」（一九四一年四月）の他に、「本島人」を主題にする「鄭一家」（一九四一年九月）がある。「霧社事件」を扱ったものとしては、下山一一家を原型とする「時計草」（一九四二年二月）が最初の小説である。戦争末期、坂口一家は、「霧社事件」に巻き込まれた原住民部落が集まっている山地の中原に疎開した。ここは蜂起当時、「味方蕃」の「バーラン社」の所在地でもあった。坂口は、一九四五年四月から一九四六年一月までのあいだ、ここで生活し、「川中島」に強制移住させられた「霧社事件」の生存者と出会った。

一九四六年三月に日本に戻ってから、一九五三年から一九六一年までのあいだ、「蕃地」（一九五三年一〇月）、「霧社」（一九五四年一月）など、台湾原住民と「霧社事件」関連作品を発表し、また、これらの作品群を収録した単行本として、『蕃地』（一九五四年）、『蕃婦ロポウの話』（一九六一年）を出版した。一九五三年に『蕃地』は、第三回新潮社文学賞を受賞し、一九六〇年に「蕃婦ロポウの話」は、第四四回芥川賞の候補作になっている。これらの作品は、基本的には、中原で暮らした十ヶ月の見聞に基づいて創作されたものである。また、これらの作品によって、「蕃地」作家という名を坂口は得た。一九六一年に発表した「蟷螂《かまきり》の歌」（一九六〇年一月～一九六一年三月）は、自分が台湾に渡って、日本の敗戦と共に「引揚者」として日本に戻るまでを描く自伝的小説である。作品の時空間は、日本の植民時期、そして戦時下の台湾であった。

以上が真杉と坂口の簡単な紹介だが、本章では二人の「自伝的小説」が共に「植民地台湾の記憶」をとおして、「家族史」、そして「個人史」を描いている点に注目したい。すなわち、真杉静枝の「家族史」、そして坂口䙥子の「個人史」は、日台の植民地史の視点からとらえられているものである。中心的に扱うテキストは、真杉静枝の「花樟物語」三部作と坂口䙥子の「蟷螂の歌」で、そこに「植民地台湾」がどのように表象されているか、見ていきたい。

一　「家族史」としての植民地台湾――真杉静枝の「花樟物語」三部作(2)

「花樟物語」にみる在台日本人像

「花樟」（『東北文学』一九四六年三～四月）、「左門治と千代」（『東北文学』一九四七年一月）、「老脚の賦」（『仇ごよみ』一九四八年）は、日本の敗戦直後に真杉が台湾を舞台に描いた作品である。「花樟」と「左門治と千代」は、作品の結末の注記によると、それぞれ『花樟物語』第一章と『花樟物語』第二章となることがわかる。作品は、植民地台湾に渡った前田左門治と千代夫婦、そして長女八重と次女龍子を中心としている。人物設定からわかるように、「花樟」、「左門治と千代」と「老脚の賦」はシリーズ作品である。人物設定、物語の概要、そして作品の成立時間からすれば、真杉一家をモデルにした作品だと推定できる。「花樟」とその続編「左門治と千代」の概要を以下で簡単に述べる。

前田一家は台湾南部の部落「旧城」（現在、台湾南部の左営）に住んでいた。千代は左門治には黙って八重と龍子のため、花樟木の箪笥と鏡台を嫁入り道具としてこしらえた。「花樟」の家具の所持は、部落内の日本人共同体における一種の身分象徴であると同時に、また「内地」に戻るときの「故郷に錦を飾る」という見栄の意味合いも含まれている。龍子は、このようなものは「立派すぎる」と思いつつも満足している。それに対して、左門治は「これで家の中を『台湾』に嚇かされてゐるやうな気がする」（「花樟」一三頁）という感想をもらしながら、妻の気持ちを察しなくもない。「花樟」は、同じ部落の日本人医者の芸者上がりの妻が自殺し、発見されたところで終わっている。その続編「左門治と千代」では、八重が台北高等女学校から旧城に戻り、母千代が自分たちのために購入した花樟木の箪笥と鏡台を見ると、「辱められたやうな、赤い顔をして泣き笑ひの表情になった丈け」で、「急に言葉を失ひ、小さくなつて部屋の隅の方に身を寄せて坐」ってしまう（七三頁）。その後、左門治は公学校の校長から突然、罷免を言い渡されるが、それは左門治が台湾人学生の無賃乗車をかばったり、台湾人女生徒の時間外授業を計ったりしたからだ。左門治が教職を免じられたのは、渡台以来、これで二度目である。左門治が七年前、最初に罷免されたのも、同じような理由からだった。それは大正四（一九一五）年のことであり、妻千代と龍子が台湾に渡ってきた年でもある。

一九一五年にはちょうど「タパニー事件」が起きて、台湾南部は政治情勢が緊迫していた(3)。当時、左門治は台中州下社頭公学校長を務めていたが、学校の衛生設備要求と引き換えに、視学（旧制の教育行政官）が要求したのは「阿緱《あがう》廳下に先日蜂起したる匪徒の件につき、台湾人学童等の綴方に緊急の注意」だった（「左門治と千代」八六頁）。つまり、生徒の綴方を利用して、台湾人家庭内の不穏分子を摘出しようと考えていたのだ。この確執によって左門治は清水巌公学校に左遷されてしまう。のちにこの新しい土地で、「火事」の警鐘を土匪襲来の警報と取り違えた千代が、社頭派出所まで駆けつけ救援を求める、という事件が起こる。この救援要請を受け、数多くの救援隊が台中から駆けつけたが、空騒ぎと判明し、左門治は免職され、自殺まで図ろうとしたが、千代に気づかれて未遂に終わる。

台湾における左門治と千代一家の物語は、以上のようなものである。続く「老脚の賦」は、舞台が一九四五年の東京に変わり、日本の敗戦によって台湾から引き揚げた左門治、千代、龍子とその次男哲雄が、さまざまな苦労を重ねて鎌倉にたどり着き、八重の住まいに身を寄せるまでを描いている。

この三部作(4)を読めば、モデルとなったのが、現実のなかの真杉一家——明治末期以来、台湾で暮らしてきた両親、妹とその子ども——であることがわかる。これは一見、真杉静枝の家族史のようなものであるが、ある一面では日本「台湾植民史」を凝縮したものともとらえられる。というのは、「花樟」とその続編「左門治と千代」における台湾描写は、ほぼ日本植民地政策にそって描かれたものなので、「台湾植民地私史」という視点から描かれたものといえよう。真杉静枝が自分の家族が台湾に移住してから日本に引き揚げるまでのいきさつを、「花樟物語」と命名したことからもわかるように、台湾植民地でのこの一族の物語は「花樟」をめぐって展開していく。

樟木は、台湾の特産で樟脳の原材料として知られているが、重要な経済的価値を持つ植物でもある。「花樟物語」においては、樟木ないし樟脳、それから「花樟」の由来について、詳しく紹介されている。

樟樹の中でも、この狭い台湾島に密生してゐる樟樹のうち、芳樟と牛樟と二種類があつて、樟脳にするには芳樟でなくてはならない。牛樟には脳分があまりないのである（中略）多分津軽さんのやうな商人の眼が、この牛樟に向けられたといふわけであらう。脳を採るのではなく、その独特の美しい木理を生かして、美術的な板材としての需用を思いついたのであつた。木材を板に挽いて、その木理を生かす為の材料になつたものを、「花樟」と称ぶやうになつたのである（「花樟」六頁）。

「花樟物語」によると、樟の木の「花樟」という名称は、牛樟からきたもので、またこのようなものを、津軽のような商人が花樟と命名したとされている。

この時期は、ちょうど第一次欧州大戦の影響で世界市場が不景気になっていた（「花樟」五〜六頁）。しかしながら、なぜ「花樟」がそのように日本人部落でもてはやされたのであろうか。樟脳は台湾植民地の重要な経済植物であり、その産量・品質ともに世界に誇るものであった。「樟脳は、台湾産のものが、獨逸製人造樟脳の跋扈してゐる世界市場へ出て、立派にその需要量を勝つてゐるといふ風で、台湾特産品といふよりは、東洋の一つの誇りになつてゐた」（「花樟」六頁）。また、「樟脳」、「樟木」と日本の台湾植民地政策との関係に遡れば、「樟脳」、「樟の木」という記号は、日本の台湾植民地政策、特に日本の「理番」政策に深くかかわる存在だとわかる。

樟脳はセルロイド（Celluloid）の原料で、一八九〇年代には、セルロイドが歴史上最初の人工の熱可塑性樹脂として発明され、もてはやされた。第二次世界大戦以前、欧米諸国や日本などの工業国家において、セルロイドは重要な地位を占めていた。また、樟脳は、重要な製薬の原料であると同時に、一時、無煙火薬の原料ともなった。領台以前、日本と台湾とは、世界の二大樟脳産地であった。一八八九年に年領台以後、日本は実質的に世界の樟脳市場を独占したともいえよう（林一九九七、三三頁）。そのため、日本の領台した当年、一八九五年一〇月三一日に、早速、「官有林野及樟脳製造業取締規則」が公布され、樟脳原料の樟木林は国有化された。その法律は公文書や契約がない山林地をみな官地と見なす、というものであった。このような政策は、表面的には法律概念を台湾にもたらしたとみえるが、実際は、日本領台以前、樟脳事業を独占していた漢民族を排除しただけでなく、樟木林資源の国有を「合法化」したのである（藤井一九九七、三〜一九頁）。樟木と樟脳関係の新聞報道は台湾官報『台湾日日新報』創刊初期にすでに現れていた。樟脳専売に至るまでのいきさつを見れば、総督府がいかにこの経済植物を重要視していたかがわかる（「樟脳専売瑣談」）。

「花樟」と植民地台湾

日本領台以後の樟脳の経済価値の変遷からみれば、在台の月給取りの日本人にとって、経済価値の高い樟木家具を手に入れることによって「ソーシャル・ステータス」を高めることが可能となった。植民地における日本人共同体のヒエラルキーはもともと厳しかったため、その「経済価値」から「身分価値」への転嫁効果が望まれていたのである。それで、津軽のような商人が現れ、経済価値のより低い「牛樟」を「花樟」という華やかな名称に切り替えることによって、日本人共同体における上述したような心理構造の弱みに付け込んで、暴利を貪ろうとしていた。「『花樟』はまだ装飾用でもなく、また家具としての実用でもない、一種投機的な意味を以つて、異郷暮らしの貯金帳にとつて代わつたやうな入り方で、中流所の月給取りの家々に配りつけられてゐたのであつた」(「花樟」六頁)。

台湾の日本人家庭に「花樟」道具を売り付ける実況は、前田家の近所の主婦の口を通じて、次のよう語られている。

この一二年の間に、津軽さんみたいな「花樟」専門の商人が、この台湾にどれ丈け殖えたかしれませんのですつてね。みんなお役所へ行つて主人連中に売り込んださうですけれど。つまり、この方がずつと有利ですつて云ふんですよ。内地へ持つて帰ればたいへんな、値打ちですからつてね。台湾生活十年以上になる人で、この台湾特産の花樟を持たずに内地へ帰つては、恥ですよ(「花樟」四頁、傍線引用者)。

「花樟」のような商品は、実用価値あるいは経済価値より、結局植民地台湾における「月給取り」の日本人の虚栄心を満足させるために誕生した「台湾特産」ということになるだろう。「花樟」が家に置かれることによって前田家のみすぼらしさが明らかにされることは、八重が台北から戻って、母親が購入した「花樟」道具を見たとたん漏らした感想からうかがえる。「私たちの家つて、なんて、暗い、汚らしい貧乏くさいものなんでせう。なんだか私は、今はじめてみるやうな」という。龍子が「だつて、御自分の家じゃあないの」(「左門治と千代」七四頁)といったとき、八重はさらにこのように答えた。「自分の家でなければ、他人の家なら、どんな家だつて、大して不満には思わないわ。こんな箪笥だつて、少しも審美的には、とりえはないわ。無作法な成金好みよ。この家にはいよいよおかしなものだわ。どぎつくて……」(「左門治と千代」七四頁)。「花樟」道具が自分の家とはいかにも不釣合いで、そして強烈なコントラストを成しているのがうかがいしれる。

大正期は、日本経済の変動期に入り、消費社会も拡大しつつあり、財閥も形成され始めた時期でもある。「成金の輩出」の時代ともいわれる。(5) このような花樟道具を購入するため、母親の千代は「一生懸命にお仕事をしたお金を、順に毎月払ひ込んで行つて、二十ケ月払」わなければならない(「花樟」七頁)。成金趣味ともいえる「花樟」道具にあこがれる植民地台湾の「月給取り」の日本人心理の一側面がうかがえる。

左門治は日記の中で千代が花樟道具を購入した一件に対して、このように述懐した。

なれど、妻千代の心中も亦可憐といふべし。彼女にして、亦その器の如く、我等の台湾生活より何のかを克ち得んものと乞ひ希ふものなるべし(中略)看よ、本日よりわれが清潔を以つて誇りとせし家の内に、陋浅にして毒々しき未開未熟の作品入り来られるを。一瞥の瞬間にして、我この家具類の嫌悪すべき甚だしきなるを感ず。これこそは現下台湾の現実をそのまま象徴せるものなりと謂ふべく。この事をもし妻にあからさまに云つて、夫れ難詰せんか、彼女は即座に答へて曰ふべし。「せつかくの台湾暮らしなれば、何物かを得て、内地土産としたし」と(中略)台湾未だに未開地なり。共に正しき力をつくしてこそ幸福なれ。急ぎ一個の利を得んとて、実の青きを構はず、美術的にも、又、日本家屋にとつての調和の上にも、不完全なるをも顧ず、我が所有として内地へ持ち帰らんとす。現下のこの土地の行政官達、みな是なり、誰れか一人、丹心を留取するならんや――(「花樟」一四頁)。

上記の左門治の心中から、二点がわかる。一つは、「花樟」家具は「成金士吏趣味」で、それを持ちたがることは、まさに台湾の行政官に通じるところがある。植民地台湾における樟脳事業は、台湾総督府の後援で三井と鈴木商店によって独占されてきた。いわゆる「成金」景気を推進した企業でもある。「花樟」道具は、まさにこのような「成金趣味」の象徴である（「精製樟脳会社設立　三井鈴木共同にて」）。

また、左門治からすれば、「花樟」は「後進的な」台湾を象徴し、「清潔」を誇る日本家屋にふさわしくない。左門治が台湾を「未開」な土地としてみる「植民者」のまなざしが「花樟」を通じて、反映されている。左門治の考えは、「下層階級」の日本「植民者」の一側面を表している。つまり、左門治は、一方で上級官僚が行う台湾という土地から何もかも剥奪する、利益先行の植民政策を批判しながら、他方で「後進的」、「未開的」という見下す目線で植民地台湾を見ていた。またこの土地を開発させ、向上させることを自らのような「植民者」の責任と自認するのである。前述のタパニー事件の際も、上級官僚のやり方に反発した左門治が「児童をとほして、日本政府の施すべきは、自愛のこの一路ならずや、サーベル政治はよろしくありませんよ。」（「左門治と千代」八六頁）と言い返している。すると、視学が興奮して、次のように怒った。「殖民地にありては現下、教育者とて、行政官の一人なり、よく心得られよ。」（「左門治と千代」八六頁）。

左門治のような「理想主義者」で、そして支配の実権を持っていない「下級階層」は、厳酷な植民地の不穏な情勢に直面したとき、その政策に異議を唱えたとしても、敗北する運命になるのは必然的な結果といえよう。作品の最後に、左門治は、自殺という形で台湾植民地政策とその執行者の官僚へ異議を申し立てようとしたが、千代に気付かれ、命を長らえた。その三〇年後、日本の敗戦によって、左門治は、「いよいよ三十幾年の最後の日、その台湾の住みつくした土地を発つ時、午前三時といふ闇の中に、出発命令の信号が鳴り渡つた。リュックサック一個にすぼめられた、全財産に七十二才の足元を蹣跚《よろ》かせて、引揚者の、蜿蜒《えんえん》たる行列の中に身を入れる時、左門治は、明治末期以来の台湾生活にかけた愛のさせる素直さで、只々、この歴史の厳粛さを、泣きながら歩き出してゐた」(「老脚の賦」四三頁)。

左門治の日本植民地支配の実況への観察を通せば、そこに現れている植民地者の鏡像は重層的で相互に葛藤している。また、台湾、そしてそこにいる被植民者への感情の振幅も典型的な「植民者」的なものではない。左門治の観察からは、台湾における植民者社会ではなかなか浮上しない中下層階級の声が浮き彫りになり、また、政策決定権を牛耳る高級官僚以外の在台日本人による植民地政策への批判の声が伝わってくる。

二　「自己表象」と植民地台湾——坂口䙥子の「蟷螂の歌」

植民地台湾への自己投影

坂口䙥子の自伝小説「蟷螂の歌」は、真杉静枝の「花樟物語」三部作と同じように、台湾植民地史を反映させた個人史の作品である。「蟷螂の歌」は、『日本談義』で十五回(一九六〇年一月〜一九六一年三月)連載したものである。主人公の林田立子(坂口本人がそのモデル)が台湾植民地に渡り、終戦に至るまでにおける台湾での一〇年間の生活を描く。坂口䙥子が一九五三年に日本に帰ったのち、故郷の『熊本日日新聞』と『西日本新聞』で発表した台湾時代に関する随筆に照らし合わせてみれば、「蟷螂の歌」には、現実から敷衍した描写が多いことがわかる。

「蟷螂の歌」第一回は、林田立子の夫・長谷恭介が薬物アレルギーで突然他界したところから始まっている。これをきっかけに、立子は植民地台湾での生活を回顧し始める。立子は、家族の反対を押し切って、妻を亡くし、二人の子持ちである恭介と結婚するため、「一年中五分の四はニヒルーを感じざるを得ない」台湾に渡ってきた。第三回では、長谷は、台中州庁に転勤して、「悪友」木島整二と知り合う。木島は、「皇民奉公会の台中支部」に勤め、「州庁情報部に任職している長谷のところに情報を収集して」いて、二人は緊密に付き合うようになる。上記からわかるように、「蟷螂の歌」の時間設定は、ほぼ戦時期に焦点を当てている。米軍の空襲が日ごとに激しくなってきたため、台湾の友人、黄達と呉氏陶夫婦の勧告によって、立子一家は、一九四四年九月に山地に疎開した。第七回から第十回にかけては、おもに立子一家の山地中原における生活を中心に描いている。中原には、六部落が集まっていて、おもに霧社事件のとき、「味方蕃」となったバーラン社が中心となっている。川中島は、蜂起部落の生き残りを強制移住させた場所で、中原との地縁関係が近い。立子は、中原で生活していて、霧社事件が原住民のあいだにどのような傷跡ともつれをもたらしたかを詳細に観察している。

終戦後、引揚げの命令が下され、立子一家は、基隆港に送られる。「焼けこげた、椰子やビンロウの樹の下を、長い引揚者の行列は、日僑の葬式のように、沈んですぎていつた。やけ残つた埠頭の倉庫に、その列は、墓穴に落ちこむようにすいこまれた」（「蟷螂の歌」（二）九三頁）[6]。引揚げ船では、「灰色の波の起伏は、航海の苦しさを予告するように思われた。しかし、渡つてゆかなければならない。そこへ、どんなことが待つていても、彼らは、既に、この島を追われた者達だつたからだ」（（二）九三頁）。

坂口䙥子は、この小説の中で、戦時期から戦後にかけての、在台日本人の生活状況をいきいきと描いている。それは、坂口が戦争末期、山地中原に疎開した、という特殊な植民地生活の経験を持っていることと関係している。そのため、坂口には、戦争期における台湾山地の状況を緻密に描写することが可能となった。立子が山地で巡り合った人々の描写を詳細に読むならば、坂口の『蕃地』作品群における人物群像と似ていることがわかる。「蟷螂の歌」は、『蕃地』作品群を解読するには、不可欠な手掛かりとなる作品でもある。(7) また、原住民の描写以外、「蟷螂の歌」において最も注目すべきところは、立子と「本島人」黄達と呉氏陶とのあいだの交流である。山地への疎開から日本に引き揚げるまで、黄達夫婦は、恭介と立子一家の最も強力な後ろ盾となる。

「支配者」と「被支配者」との機微

黄達と立子・恭介との交遊は、長男祥一が生まれる直前から始まる。立子は、みずから黄達と初めて出会った場面を次のように回顧している。「立子が、台中郵便局の階段を重たくおりてゆくと、彼女の前に、長身の、やさしい目をした中年の台湾人が立ち、長谷立子さんですねと言った。目の前に、黄はたちふさがつた訳だが、立子の進むのをさえぎるという気配はなく、少しの圧力もない、ふわりとした物体として立ち、もし、立子がその気になれば、黄の体を突ねけて通れるような、自在さを立子にゆるしている立ち方だつた。その異常な軟らかさが、立子の心を引いた（中略）農園でつくつた花々を、立子のところへ運んできた（中略）毎月一回、立子が自作のラジオ物語を朗読放送するのを、たんねんにきいてくれて、必ず、その批評を聞かせてくれた」（(六) 八〇頁）。立子は、黄達のことを、「台湾共産党のリーダーグループにいた」（(六) 八九頁）と描き、と同時に黄達と特高課長渡辺悟とのあいだのやり取りについて、微妙な筆致で描いている。渡辺は、黄達を「眠れる獅子」と評したが、黄は、「牙も爪も、あなた達がとつちつまつたじやないの。何がこわいです、おかしくなるなー」（(六) 九〇頁）と言う。それに対して、渡辺は、「黄さんのやわらかさが、実のところ、こわいのだ」（(六) 九一頁）。

　渡辺と微妙な関係を持っている黄達が渡辺を訪問したのち、「長谷夫婦がマークされ」ていることがわかった。その理由は、二人とも戦争協力に消極的な態度を取っていたからである。とくに立子は「文学奉公会からの依頼原稿も提出していない。壁新聞とか、ラジオのものとかだそうだ。〝白い道赤い道〟を台北がにぎりつぶしだし、〝時計草〟は、最初と最後のページだけ残して、三十ページほど、こっそり除去させられた」（(六) 九一頁）。そのため、黄達夫婦から山中に疎開するよう勧告を受ける。特に黄達の妻、呉氏陶は、立子に対して台中市を離れて、よそへ疎開しなさいと強く勧める。「立子さん。疎開しなくちゃいけないな。日本は敗けるよ。あなたは何もしらないだろうが、鹿港《ロッカン》の本島人は、七面鳥を飼いはじめている。わかる？アメリカ兵が上陸した時、高価で売りつけようと思つているのだ。ごきげんとつて、命乞いすると思つてもよろしい。とにかく、アメリカ軍歓迎の準備を、はやくもととのえている。もしここ数ケ月で、日本が敗北しなかつたとしても、台湾人によつて暴動が起こるだろう」（(六) 八九頁）。

　黄達は、台中州の特高課長渡辺の手配を通して、「理蕃課」の許可を得てから、立子夫婦に同伴して、山中のバイバラ（バーラン）社に入った。山地中原に向かう途中、立子は、黄達に日本の理蕃政策の一環としての通婚政策に不満をこぼしていた。「ひどいのは、現地妻よ。内地にはちやんと妻子があるのに、勤務の都合と自衛の意味で、妻をめとったりするの。蕃婦を侮辱してるでしよ」（(七) 八七頁）。

　日本の敗戦後、立子は、理蕃課の坂口課長の招待を受け、黄達も同席した。坂口は、懸命に立子に訴えた。「理蕃事業は、失敗ではない。理蕃は、敗北しなかつた。私は、そう信じとる。敗北じやない」（(十) 九〇頁）。それに対して、黄達は次のように否定した。「人間を、まして民族のちがう人間を画一し、同型にはめ込もうたって、そいつは無理というもんだ。同系統の思想は考えられるけれども、全く同じ思想ということはありえない……動く者が、この世に二人いる、と思っただけで、ぼくはおそろしい。ぼくは、ぼく一人でたくさんだ。皇民化なんて、同じような人間が、ウヨウヨウジャウジャ、そこを歩いている、と思うと、身ぶるいがでる。過去を否定することができないように、かく生じかく在る私を否定する権利は、誰にもない。その人間差をみとめることが、じゆう、というんじゃないのか」（〈十〉九一頁）。黄達のこのような発言は、理蕃政策だけでなく、日本の植民地政策全体を批判しているといえよう。

同時に、黄達は、人間の道徳観と勇気が非常時に置かれたとき、特に戦争のときに、厳しい試練を受けると指摘した。「――この戦争で、餓死もしないで、傷もおわずに生き残る人間こそ、最も下劣な人間だと思うな……生き残った者は軽蔑さるべき人間どもだ」（〈十二〉八七頁）。

敗戦後、立子は、将来に対してもはや何の希望も持てずにいる。それを目撃して、呉氏陶は、「立子の甘つちよろいヒューマニズムに、思いきり鋭いメスを入れ、立子の陥つている、センチメンタルから救い出そう、と思うのだ」（〈十三〉一一〇頁）。立子一家が、日本に送還されるために、台湾を出発する間際に、黄達夫婦は、リヤカーを引いて荷物の搬送を手伝いに来た。立子と呉氏陶は泣きながら、抱き合ってお互いに別れを告げた。呉氏陶は立子に「又、来るんだよ、きつと、又、おいでよ。もう一度、逢おうね」（〈十五〉九一頁）。男性の二人は、無言のまま、手を握り合った。最後、黄達は、立子にこう言いづけた。「立子さん。あんたの言つていた、日本のルネッサンスに、きつと、参加するんだよ。乗り遅れるんでないよ。ルネッサンスは、イデオロギーを多分に強くだすんだろう。何が正統であるが、よくみるんだ。あんたは、弱くてもろくて心細いが、シンに一本、何か持つてる。はばからず、打出すんだ。勇気をおもち」（〈十五〉

九一頁)。

台湾プロレタリア作家――楊逵と葉陶夫婦像

台湾文学に馴染みのある読者なら、おそらく黄達と呉氏陶夫婦のモデルは、台湾プロレタリア作家楊逵と葉陶夫婦だと気づいただろう。先行研究では、楊逵と坂口䙥子について交流関係があったと言及されているが、(8)実際の状況は、「蟷螂の歌」からその一側面がうかがいしれる。第六回以後、黄達と呉氏陶夫婦の描写は大きな比重を占めており、そして立子夫婦を山地に疎開させた、肝心な人物でもある。この中で描かれている黄達と呉氏陶夫婦と在台日本人の関係が、もはや二項対立の枠組みからはみ出している点に本章では特に注目したい。例えば、黄達と特高課長渡辺とのやり取りは、いままでの「被植民者」対「特高警察」の関係にはみられなかったものだといえよう。また、立子夫婦と黄達夫婦との関係も「植民者」対「被植民者」という枠組みの定義からはとらえきれない部分が多い。民族ないし「植民者」対「被植民者」という上下関係を超えて、「人間」という基本的な立脚点に戻ろうとする描写を通して、坂口䙥子はこの日本人夫婦と台湾人夫婦の友情を表現している。黄達と呉氏陶夫婦は、国家の戦争協力に消極的な態度で不利な立場に陥ってしまった立子夫婦を支えただけでなく、植民政策ないし時局に対して洞察に満ちた意見を述べ、二人に戦争と時勢を見極めさせた。このような人物造型は、坂口䙥子の作り出した虚構によるものか、あるいは「虚構の中の現実」を示そうとしたか。この部分について、坂口䙥子と、楊逵と葉陶夫婦との交遊に関する随筆から、手掛かりが得られる(坂口(一九八五)を参照)。

坂口は、随筆「〝蕃地〟との関り」で、自分が中原に行く経緯、そして楊逵との交遊について、次のように述べている。「私の決意（中原に行くこと）を支えた一つのアドバイスを、私は昨日のことのように忘れない。その人は、楊逵という元台湾共産党員で、作家だった。彼は、『首陽農園』というささやかな農園を経営していた。台中市の梅ヶ枝町という西北のはずれに住んでいた。葉陶という妻と、五人の子供を育てていた（中略）葉陶夫人は、夫とともに共産党員として活躍したひとで、インテリーであり、見識の高い女性だった」。坂口は、楊逵のアドバイスをこのように回想する。「――戦争は必ず日本が敗けます。あなた達は体一つで、送還される。幸い、あなたは台湾本島人のことをかなり勉強した。こんどは山へ疎開して、蕃人の生活をみておきなさい。それが、あなたの日本へ持ち帰る唯一の財産だ」。それに対して、坂口は、「小説のネタを漁るために、『蕃地』に疎開したのではない。私は、無形の財産を身につけようとしたのでもない。ためらう私を勇気づけ、意味づけしようとしてくれたのが、楊逵だったと思うだけだ」（坂口一九七八、二六一～二六三頁）。

また、「蟷螂の歌」における黄達と特高課長渡辺の描写について、坂口の随筆から、渡辺も実在のモデルによることがわかる。「私達は、楊氏の家に招かれていた。私共が、梅ヶ枝町の、楊氏の経営する首陽農園にいってみると、客は、他に、州の特高課長だということだった（中略）おかしな組み合わせだと、内心私は警戒した」。この特高課長は、帝大法科の卒業生で、「スマートで、物静かに、優しい口調で、芸術を語り、台中の風物詩でも口ずさむように、その印象を語る。課長を、私は驚嘆してながめていた」。目の前のこの人物と、台中州の地下室で行われていた拷問の陰惨さとが「何の関りもないように」坂口は感じ取っていた（坂口一九五四）。このモデルを介して、「蟷螂の歌」のなかで、戦争という非常時期に、特高課長渡辺悟が自分の職務に直面する心理状態について、次のように描かれている。「当分、拷問と調査のくり返しだ。疲れる。嘔吐がでそうな日々だ（中略）渡辺悟は、ただ耐えているだけなのだ」（（二）九三頁）。楊氏の家に現れた「優しい口調で、芸術を語」る特高課長が、渡辺悟のような、一般の特高警察のイメージを転覆させるモデルになるのは、想像に難くない。「虚構の中の現実」という技法は、渡辺の内心の苦悩を反映することをとおして、特高課長という人物の複雑かつ矛盾している心理状態を見事に表現している。

在台日本人作家の作品において、「本島人」は正面から描かれることが殆どなかった。この現象は、日本統治期の日本人作家の作品の特徴である。戦後の日本人作家の作品に登場するのもまれである。民族と支配秩序の境界線をこえる日台知識人の交流を浮き彫りにした点からすれば、「蟷螂の歌」は、在台日本人文学にとって珍しいものであるだけでなく、植民地台湾時期における日台作家の交遊状況への理解を深めることができる稀有な作品でもあるといえよう。

創作の技法に関して、坂口䙥子は、かつてモデル小説と「事実と虚構とに立つ真実」という文学技法を主張していた。「蟷螂の歌」を含めて、「蕃地」、「霧社」と「ビッキの話」などの作品をみれば、上記のような創作手法を取り入れることこそが、坂口文学の文学技法の特徴だとわかる（坂口一九七九）。「蟷螂の歌」と坂口の随筆を照らし合わせてみれば、戦時中、楊逵夫婦との親交状況以外、楊逵をモデルにする黄達という台湾人の造型は、いままでの在台日本人文学にはなかったものだ。坂口䙥子の自伝的小説「蟷螂の歌」をとおして、われわれは、「台湾」が坂口䙥子の「自己表象」の重要な記号であるほか、植民地当局がはばかる「被植民者」楊逵は、「蕃地作家」坂口䙥子を発掘しただけでなく、坂口䙥子の「蕃地」シリーズの誕生に拍車をかけた肝心な人物だということも知ることになった。この新しい発見は、いままでの植民地台湾における日台作家の普遍的な関係構図を根底から問い直すものでもある。

おわりに

「家族史」としての真杉静枝の「花樟物語」と坂口䙥子の「個人史」としての「蟷螂の歌」は、両者の「自己表象」とも日本の台湾植民地支配の軌跡とも緊密に繋がっている。と同時に、それぞれの作品のなかから、日本の植民地政策に異議を申し立てる個人（individual）の声が聞こえてくる。それは、植民地政策に「逆行」する声でもある。真杉静枝の「花樟物語」における樟木の家具、そして教育理念をめぐる左門治と上位官僚との衝突の描写は、戦後の真杉静枝自身の日本の植民地政策やタパニー事件の大量虐殺に対する批判と自省として捉えることができる。坂口䙥子の「蟷螂の歌」における、立子と黄達夫婦との人間模様からは、日本の「理蕃政策」、「皇民化政策」ないし戦争への批判は、「植民者」と「被植民者」という立場を超えて発せられた異口同音のものだということがわかる。「蟷螂の歌」は、「植民者」対「被植民者」の二項対立、そして上下関係の力学構図を脱構築しようと図っており、台湾の植民地支配への自省を示す作品といえよう。また、「植民者」という枠組みから脱構築してこそ、作者の坂口䙥子が「台湾」という記号で「自己表象」することが、初めて可能になる。

真杉静枝と坂口䙥子の「台湾表象」の作品から、われわれは、国民国家視点の歴史からはみ出した個人の微弱な声を拾い上げることが可能になった。と同時に、われわれは、これらの作品のなかに、個人が日本の台湾植民地政策への異議を申し立てる声を聞き取ることができる。それは、従来の国民国家視点の植民地史に同調しない声でもある。また、国家権力が絶対的な時代に、絶望に近いこれらの微弱な声が、個人の意思の表現として抵抗しようとしていたことにも気付かされる。

注

（1）真杉静枝と坂口䙥子について、先行研究には、林（二〇〇六）がある。それぞれの作品における人物像に焦点を当てている分析である。

（2）この一節は、拙稿をもとに再構成するものである。呉（二〇一七）を参照。

（3）タパニー事件は一九一五年に台湾の台南タパニーに起こった大規模の武力抗日事件である。首謀者余清芳、羅俊と江定が「西来庵」という寺を拠点として蜂起したため、「西来庵」事件ともいわれる。
一九一五年八月二二日に余清芳が逮捕され、八月二五日より臨時裁判が行われた。一九五七人が「匪徒刑罰令」によって告発され、そのうち一四一三人が起訴され、八八六人が死刑判決を受け、四五三人が禁錮判決を言い渡された。厳罰のあまり、帝国議会の注意を受け、最終的には九五人の死刑が執行された後、残りの死刑囚は有期禁錮となった。『台湾大百科全書』http://taiwanpedia.culture.tw/web/content?ID=3730&Keyword=%E5%99%8D%E5%90%A7%E5%93%96%E4%BA%8B%E4%BB%B6（最終閲覧日：二〇一一年八月一一日）

（4）現在発見された左門冶と千代を主人公とする「花樟物語」は、この三作のみである。話の筋の発展と作中における時間の設定は一貫しているので、本章はこの三篇の作品を「三部作」として論じることとする。

（5）大正期の「成金」の形成について、竹村（二〇〇六、六五～九〇頁）。資料の所在は、坂元さおり氏の教示によるものである。

（6）以下、同作品の引用は、連載回数と頁数のみ記す。

（7）「蟷螂の歌」と『蕃地』とのインターテクシュアルな作品構造について、今後の論考を俟つ。

（8）中島利郎は、楊逵のアドバイスによるほか、夫が台中臨時情報課主任から理蕃課に移動されたため、昭和二〇（一九四五）年四月から終戦まで、坂口䙥子一家は能高郡蕃地中原に十ヶ月間疎開したとしている（中島二〇〇八、五七六頁）。また、小笠原淳によると、坂口䙥子は、随筆「秋のひと」のなかで、楊逵は「戦争の敗北を予言し、蕃地へ疎開するようそそのかし『無形の財宝を身につけて帰るべきだ』と言った。蕃地のルポルタルジュを書け、と言ったのは彼なのだ」と述べたと指摘している（小笠原二〇一五）。ほかに楊逵と坂口䙥子との交遊関係を言及した先行研究は、間（二〇〇五）がある。二〇八～二一二頁を参照。

参考文献

間ふさ子「第八章　内なる自己を照らす『故郷』」、岩佐昌暲編著『中国現代文学と九州　異国・青春・戦争』九州大学出版会、二〇〇五年

小笠原淳「坂口䙥子の台湾蕃地小説とその系譜――戦中と戦後を通して」『日本台湾学会報』第一七号、二〇一五年九月

呉佩珍「真杉静枝の『花樟物語』三部作とその台湾表象」『立命館文学』第六五二号、二〇一七年八月

坂口䙥子「忘れえぬ人々（三）　芸術を語る特高課長」『熊本日日新聞』一九五四年一二月二一日

坂口䙥子「蟷螂の歌」（一）～（十五）『日本談義』一九六〇年一月～一九六一年三月

坂口䙥子「〝蕃地〟との関り」『霧社』コルベ出版社、一九七八年

坂口䙥子「モデルのある小説」『熊本日日新聞』一九七九年八月一八日

坂口䙥子「スタント　秋のひと」『熊本日日新聞』一九八五年一〇月三一日

「樟脳専売瑣談」『台湾日日新報』一八九九年七月二日～八月三日

「精製樟脳会社設立　三井鈴木共同にて」『台湾日日新報』一九一七年四月一二日

竹村民郎『大正文化　帝国のユートピア』三元社、二〇〇六年

中島利郎「坂口䙥子　著作年譜（戦前）」『日本統治期台湾文学　日本人作家作品集』第五巻、緑蔭書房、二〇〇八年

藤井志津枝『理蕃』文英堂、一九九七年

真杉静枝「花樟」『東北文学』一九四六年三～四月

真杉静枝「左門治と千代」『東北文学』一九四七年一月

真杉静枝「老脚の賦」『仇ごよみ』鏡書房、一九四八年

林雪星「兩個祖國的漂泊者――從坂口䙥子的《鄭一家》及真杉靜枝的《南方紀行》《囑咐》中的人物來看」『東呉外語学報』第二二期、二〇〇六年三月
林満紅『茶、糖、樟脳業與台湾社会経済変遷（1860～1895）』聯経出版、一九九七年

執筆者紹介（執筆順、＊は編者）

＊マシュー・オーガスティン（Matthew Augustine）　九州大学准教授
キャロル・グラック（Carol Gluck）　コロンビア大学教授
川島　真（かわしま　しん）　東京大学教授
有馬　学（ありま　まなぶ）　福岡市博物館長
郭　連友（かく　れんゆう）　北京外国語大学教授
小林亮介（こばやし　りょうすけ）　九州大学専任講師
タチアナ・リンホエワ（Tatiana Linkhoeva）　ニューヨーク大学専任講師
後藤敦史（ごとう　あつし）　京都橘大学准教授
波平恒男（なみひら　つねお）　琉球大学名誉教授
呉　佩珍（ご　はいちん）　国立政治大学准教授

地球社会ライブラリ 1

明治《めいじ》維新《いしん》を問《と》い直《なお》す

——日本とアジアの近現代——

2020年4月30日　初版発行

編　者　マシュー・オーガスティン

発行者　笹　栗　俊　之

発行所　一般財団法人 九州大学出版会

〒814-0001　福岡市早良区百道浜3-8-34

九州大学産学官連携イノベーションプラザ305

電話　092-833-9150

URL　https://kup.or.jp

印刷・製本／城島印刷㈱

Printed in Japan　ISBN 978-4-7985-0286-1

地球社会ライブラリ　創刊の辞

二十一世紀も五分の一を終えた現在《いま》、真の意味での「豊かさ」を見いだすことは決して容易ではない。地球上に暮らす誰もが将来に漠とした不安を抱え、夢をもつことさえ許されない子供たちも多く存在する。科学技術の発展を善と見なしてきた「信仰」もすでに陰りを見せ、世界を覆う霧はもうしばらく消えそうにもない。

かつて「象牙の塔」と比喩された大学も、もはや孤高の存在などではありえず、社会との距離感を摑みきれずにある種の迷走を続けている。錯綜し混迷が続く社会や世界に対し、学知は何をなすべきか。何をなしうるのか。大学の学知が特効薬でも万能薬でもないことは明らかであるが、混沌とした時代にこそ、大学は真摯に本来の責務を果たすべきであろう。

「地球社会的視野に立つ統合的学際性」を育む大学院として、二〇一四年四月に九州大学大学院地球社会統合科学府は開設された。統合学際には多様性を受け容れる複眼的な視野と、異次元で生起する諸問題を連関させる構想力とが求められている。とはいえ、学問の枠組みを超え、既成概念を打破して、新たな価値観を創造することは、言葉で語るほど簡単なことではない。「安定」や「秩序」は望ましいものではあるが、誰が「安定」を享受するのか、誰にとっての「秩序」なのか、対象を生物の世界や自然環境にまで広げれば、その問いも際限なく複雑化する。

新たな学知を獲得するための戦いに終わりはなく、研究や教育は何時いかなる時も、途上のものでしかない。しかしながら、いやだからこそというべきであろう、彼方をめざす途上に学知の成果をひろく共有することには、きわめて大きな意義があるのではなかろうか。ここに創刊する「地球社会ライブラリ」が、より善き「未来」をたぐり寄せる縁《よすが》となれば、まさに望外の喜びである。

二〇二〇年三月

九州大学大学院地球社会統合科学府長　中野　等